信赖技术的管理

非技术型领导者的管理指南

§

[加]格雷厄姆·宾克斯（Graham Binks）｜著

智越坤｜译

中国科学技术出版社

·北　京·

A POST HILL PRESS BOOK.

Trusting Technology: Mastering Technology for Non-Tech Leaders.

© 2019 by Graham Binks.

All Rights Reserved.

The simplified Chinese translation rights arranged through Rightol Media.

（本书中文简体版权经由锐拓传媒取得 Email:copyright@rightol.com）

Simplified Chinese translation copyright by China Science and Technology Press Co., Ltd.

北京市版权局著作权合同登记　图字：01-2021-2855。

图书在版编目（CIP）数据

信赖技术的管理：非技术型领导者的管理指南 /（加）格雷厄姆·宾克斯著；智越坤译 . — 北京：中国科学技术出版社，2022.2

书名原文：Trusting Technology: Mastering Technology for Non-Tech Leaders

ISBN 978-7-5046-9379-2

Ⅰ. ①信… Ⅱ . ①格… ②智… Ⅲ . ①企业领导学—指南 Ⅳ . ① F272.91-62

中国版本图书馆 CIP 数据核字（2021）第 251181 号

策划编辑	申永刚　褚福祎	
责任编辑	申永刚	
封面设计	马筱琨	
版式设计	锋尚设计	
责任校对	焦　宁	
责任印制	李晓霖	

出　　版	中国科学技术出版社	
发　　行	中国科学技术出版社有限公司发行部	
地　　址	北京市海淀区中关村南大街 16 号	
邮　　编	100081	
发行电话	010-62173865	
传　　真	010-62173081	
网　　址	http://www.cspbooks.com.cn	

开　　本	880mm×1230mm　1/32	
字　　数	263 千字	
印　　张	10	
版　　次	2022 年 2 月第 1 版	
印　　次	2022 年 2 月第 1 次印刷	
印　　刷	北京盛通印刷股份有限公司	
书　　号	ISBN 978-7-5046-9379-2/F·969	
定　　价	69.00 元	

Foreword
序　言

·················· § ··················

　　19世纪初，英国出现了一批强烈反对提高机械化和自动化的人，他们认为这些会使工人受到不公平对待，此类人被称为"卢德派分子"（Luddites）。1811年，卢德派分子发起"卢德派暴动"，焚烧、摧毁了许多机器和工厂。5年后，暴动被镇压。

　　这些事情听起来仿佛遥不可及。你此时可能正在电视上点播节目，或者用智能手机订购比萨，或者在平板电脑上查看股票走势。然而，在美国和世界的其他地方，出租车司机和出租车公司正受到优步（Uber）及其后继者的先进技术的威胁，在街头或法庭上惶惶不可终日。虽然我们正在谈论"卢德派暴动"后200年的事情，但仍未完全走出可怕的技术森林，至少目前看起来是这样。

　　我们即将迎来一个智能汽车的时代，然而现在很多司机却懒得使用转向灯；酒店提供无钥门禁和智能手机登记，但许多客人不知道如何让电梯自动识别他们所在的楼层；在超市里，店员使用电脑结账的时间有时比人工结账还要长；等等。在我撰写这篇序言的平台上，拼写检查系统糟糕透顶，以至错误层出不穷。

　　技术必须具有协同性。它的存在并非为了自身的利益，正如保险的存在并非为了自身的利益一样。我们说的不是某种动物或植物，它们的成功体现在延续物种上。保险需要为人们提供保障才能体现价值。如果技术要产生价值，就需要不断完善自身，获得消费者和顾客的认可，降低成本，进而提升用户体验。

在本书中，我的同行格雷厄姆·宾克斯采用这种协同的方式，帮助你在各类场景中辨别技术的本质和用途。本书不是教你如何使用平板电脑或笔记本电脑，而是指导你如何改善自己的生活，以及帮助他人在工作和家庭生活中提升自己。

本书重点关注买方和卖方、制造商和顾客之间的内在关系。历史已经充分证明，如果我们能够正确地理解和有效地利用技术，技术将为我们构建一个更加美好的世界。这是一个宏大的设想，因此我们需要仔细阅读本书。

仔细阅读本书，你将学会如何在现在和未来去创造和利用技术。本书内容精彩至极，值得你花时间细细品读。在读完本书以后，你会确信，技术是我们强大的助手。

—— 艾伦·韦斯（Alan Weiss）

畅销书《成为百万美元咨询师》（*Million Dollar Consulting*）作者

Contents

目　录

§

第三部分
掌握技术

Introduction
导　读

§

　　至今我还记得我的第一台电脑送达的情景。它大概有一箱啤酒那么大，但要轻得多。我花了一天时间组装这台电脑。当我大功告成之后，它看上去就像是一架带有"QWERTY"键盘的小钢琴。这台电脑内存空间足够，可以存储一页文本。我接上父母的便携式黑白电视机来显示它的24行文字，文字只占屏幕的一半空间，可以轻松阅读而无须滚动。

　　组装电脑的过程十分有趣，好像我儿时组装乐高玩具一样。一周之后，当我运行第一个程序时，才真正感受到了震撼。当电脑屏幕上显示"你好，世界"（Hello World）时，我彻底被它迷住了。

　　技术可以让生活变得更美好，我们可以寻找新方法来完成旧的事情，或者尝试发现全新的事物。大多数时候，寻找新方法是更好的途径，可以让你从单调乏味的工作中解脱出来，这样你就可以花更多的时间去创造和创新，享受你自己设计的"你好，世界"。

　　我在技术领域从业已有几十年，有幸指导了数百家企业，帮助他们提升了对客户和员工的了解程度，改善了自动化办公方式，帮助企业持续成长。那时，我改变了员工的通勤方式，改善了他们的健康和安全、着装、娱乐等各个方面，也让他们的家庭更加幸福。

　　如果技术行之有效，就会带来卓越的成果。但这需要坚持不懈，才能将技术与环境、用户以及他们需要完成的工作结合起来。

从开发者到消费者，我们都在努力让技术发挥作用。科技、媒体每天都在报道大型科技品牌的新突破和不足。虽然谷歌（Google）、脸书（Facebook）和特斯拉（Tesla）正在引领技术变革，但对于大多数商业领袖来说，技术仍然是一个令人困惑、充满风险，且未被充分利用的工具。

众所周知，在技术领域取得成功需要专业知识。今天，初出茅庐的技术人员可以选择上百条不同的职业道路，但技术行业中充斥着诸多复杂的问题，而且很难进行简化。

本书就是为那些渴望不被这些复杂的问题所扰的商业领袖而写的。无论你是热爱技术还是痛恨技术，本书都将帮助你在变革的海洋中航行，并且为你的客户和同行创造价值。

太多的商业技术会谈都是以解决方案为目的。如果你的目标是激发创意，当然很好，但如果把解决方案视为灵丹妙药，那就大错特错了。有人说"我们要从问题着手"，其实也是错误的想法。获得成功的第一步往往是采取其他举措，技术甚至都排不到第二位。

要想利用技术获得成功，你必须回顾过往经历，将当前情境与之结合，再以简明的思路去理解。

为什么要"信赖技术"

我讨厌浪费。

我喜欢征服挑战。

当你阅读本书时，我相信你也会感同身受。我的职业生涯始于软件开发，然后转到商业系统，最后是提出能帮助领导者推动企业发展和丰富员工生活的方案。听起来似乎有些夸大其词，但我确实是帮助人们摆脱了枯燥乏味的工作，让工作变得有趣，从而可以快速轻松地做出决策。

我喜欢去探究事物的实现方法，历史事件也让我逐渐参透了其中奥秘。事实上，历史事件可以为我们提供很多宝贵的资料，而无须我们费力编造。随着职业生涯的发展，我越来越清楚地看到，对大多数人来说，技术让他们颇感困扰，也正是这些挑战，使他们前进的道路充满障碍。如果我的使命是帮助人们利用技术创造机会，实现更高的发展目标，那么很明显，我的关注点必须超越技术细节本身。

通过观察20世纪后期技术产业的发展，我慢慢发现了商业世界和技术实验室之间似乎缺少什么。

我们本以为，技术可以重构业务，但事实证明这只是痴人说梦。事实上，光靠技术本身是无法做到这点的。它只是为我们的创意提供了一个平台，这个平台只向我们承诺了它具有一定的潜力。只要回顾一下历史（好吧，不只是简单地回顾）就能证明这一点。

随着新技术理念（只有少数得以论证）的浪潮扑面而来，人们很容易被这种技术的宣传风暴冲昏头脑，从而选择错误的目标。如果野心太大，你的信誉将会毁于一旦；但要是过于保守，那么发展技术的真正意义又何在？

在对300家不同的企业做了500份职业规划之后，如果让我必须总结一条建议，那就是"大处着眼，小处着手"。崇高的目标可以鼓励人们实现突破，但最好是秉承学习的精神，踏踏实实地去实现这些目标。

通过阅读本书，你将学会如何以新的视角看待问题，学会如何运用技术为你的客户、员工和股东提供服务。希望你能坚持读完本书，并获得启迪。

书籍是人类除语言沟通以外的第一沟通技术。它可以跨越时间和距离的屏障，来传递故事和知识。它具有美妙的触感体验，蕴含着惊人的奥秘，我们总能在其中找到令人兴奋的观点。

本书能为你提供什么内容

时间是我们最宝贵的资源。读这一节内容所花的时间是你永远也无法重新获得的，因此你需要有充分的理由说服自己继续阅读本书。我希望你可以在下面至少能找到一个这样的理由。

如果你是一名首席执行官，而且并不认为自己是技术专家，我希望《信赖技术的管理：非技术型领导者的管理指南》（以下简称本书）能成为你最好的朋友。因为本书中有许多地方提及技术，但并无一处赘述技术细节。本书通过分析技术应用的原理和可用方法来指导读者取得成功，而不是关注具体的技术手段。根据我的经验，技术的原理和方法是企业备感头疼的地方。若处理好这些，技术问题就会迎刃而解。我希望本书能带给你信心，让你在企业中利用技术更快更多地完成工作。

如果你是一位志向远大的技术型领导者，本书将教会你如何采用一些方法，将你的出色技术介绍给你的利益相关者。虽然任务很艰巨，要想用技术术语让95%的商界人士都能理解是一件十分困难的事情。我希望你在阅读本书后，可以轻松完成这样的沟通。

如果你是一个想要在企业中运用技术的企业领导者，本书就会为你消除那些"技术之神"的文章所笼罩的神秘光环。谁在乎谷歌、Facebook和亚马逊（Amazon）到底做什么，我们只关注哪些内容对你的企业有帮助。

如果你是一位想要更深入了解客户的技术供应商，那么本书可为你提供一种变革的语言表述，可以在你所提供的服务与客户需求之间搭建沟通的纽带。如果你能深入理解客户的背景，就会成为他们珍贵的合作伙伴。

关于本书范例的说明

本书列举了几十个范例，旨在通过小型案例研究来说明技术的成功和失败。我有幸参与过许多案例，其中许多案例已经应用到公共领域，有些案例涉及商业机密不便公开，也有些成功者并不愿意将自己辛苦总结出来的成功经验公之于众。因此，本书会有一些相关名称被隐藏，以为相关企业、人员提供保护。但请放心，这些范例都是真实的。

如果你的工作属于上述任一情况，那么本书都可以为你提供一份通用术语表，让你可以与同事更好地协同工作，创造最佳业绩。本书关注针对最简单的核心挑战和最微小变革的解决方案，同时进行共同的设计和探索，让你在成功路上乘风破浪、一往无前。

无论你是技术恐惧者还是技术大师，我都希望你能在本书以下章节找到意义和价值。

怎样阅读本书

以下是本书一书的阅读路线图。你可以看到每一章都建立在前一章的基础上。然而，如果你想根据自己的业务需求来制定一个路线图，就可以直接跳至本书的第九章。

第一章　实现创意

技术是创意的平台。本书第一章探究了创意的过程，创意从何而来，又去向何处。我们会关注创意如何转变为现实，以及哪些观点对你取得成功至关重要。你将通过一系列能将这些宝贵经验与自身背景相结合的练习找到最佳答案，并掌握采用技术构建平台的6个步骤。

第二章　形成观点

掌握技术的第一步是形成一种观点，清晰地认识技术能对你的业务发挥多大的潜力，你下一步应该如何进行。第二步是要不断更新这种观点。技术是一个如此庞大的领域，紧跟技术发展，本就是一项艰巨的任务，而如果你讨厌技术，那就更是难上加难。在第二章中，我们提供了指南和工具，帮助你形成具有远见的商业观点，而无须你成为一名技术专家。

第三章　设定目标

有时最难的一步就是确定首要目标。在第三章中，我们提供了一些技巧，帮助你把目光放在值得关注的大目标上。你将会明白，你所在的企业现在有哪些优缺点，哪些需要改进，以及为什么你会认为它是个难题（提示：在本书的结尾，你将重温这一难题，看看自己是否取得了长足进步）。有些人已经在某时某地以某种方式实现了你正在追求的目标，如果你能做到"大处着眼，小处着手"，就一定会跟随他们的脚步，获得最终的成功。

第四章　随客户而改变

对客户的影响要从外部开始做起。要想改善你与客户之间的关系，就必须充分了解客户。客户在你的业务中扮演什么角色？你真正为他们做了什么？你为客户提供了怎样的体验？你给客户留下了什么印象？通过这些问题的答案，你就会明白应该如何与客户构建关系，是客户主导你，还是你主导客户，还是你们轮流进行？

第五章　构建自信

如果你要改革自己的企业，就会破坏客户和同行的舒适区。很多企业所承诺的收益并没有实现。客户不一定会获得收益，工作对少数人来说可能会变得容易，但对大多数人来说可能会变得困难。你不一定非要成为那样的企业中的一员。在本章，我们将探讨构建自信团队的成功之道。

第六章　快速行动，正确行事

承认自己的无知需要勇气，毕竟我们都是受聘的专业人士。但是当你设定了远大目标后，就开启了一段独特的旅程——因为这是一段基于你自己背景的旅程，只能由你自己来完成。你的伟大旅程真正始于一个重要步骤，即认识到为了企业的发展你需要学习哪些内容，并制订学习计划。所以，需要谨慎行事，但要快速行动。

第七章　提高洞察力

每一家企业都可看作是一台将原材料转化为有用产品的机器。人们很善于做决策，而技术则在引导信息流以支持这些决策方面做得非常出色。数字战略，简而言之，就是以技术引导的方式来提供信息。在本章，你将识别所在企业中现存的或可能存在的信息。获取这些信息后，你就会明白如何将这些信息及时传递给有此需求的客户，以做出最明智的决策。本章还详述了企业领导者在安全方面需要了解的细节。

第八章　汇聚创新

每个企业都有一个秘密"配方"，可以用来为客户制造或实现一些有价值的事物。通过最好的技术支持，你可以将自己企业的"配方"转化为资产，更经济和便捷地将其价值提供给你的客户。在这一章，你将学会如何发现这些珍贵的"配方"，并理解技术是以何种方式来帮助你创造和提供更多的价值。所以，聪明的创新者们，你们要重点关注你们希望客户关注的内容，创造更多的"配方"。

第九章　掌握技术

在第九章，我们制订了一个总体计划，帮助你将企业中的技术创新元素汇聚在一起。每个人都有独特的需求，本书将教会你描绘出你的专属蓝图。自此，你将拥有远见卓识和雄心壮志，开始着手打造一个更好的技术公司。

你可以从这里开始阅读本书，也可以参考前面的章节来阅读本章。你可以根据自己的情况决定。

第十章　你的未来企业

在本章中，你可以大胆构想你的企业正在沿着成功之路勇往直前。本书旨在开拓你的视野，培养你的自信和雄心，而在这一章，我们将快进到你已经掌握这些理念的时期。请大胆逐梦吧！

还有最后一件事——有关企业的事情已经讲得太多，那么你自己是如何想的呢?

格雷厄姆·宾克斯

第一部分

§

与技术成为朋友

| 技术与人类爱恨交加 |

第一章

§

实现创意

技术是创新的平台。

通过这个平台，我们会研究创意源自何方、去向何处、怎样实现，以及它们与业务之间有何关系。

技术是创意的平台。

每个人每天都会产生很多创意。很多创意转瞬即逝——它们从我们的潜意识中浮现，也许会让我们会心一笑，然后就像蒲公英一样被微风吹散。而某些创意则被保留下来，我们会进一步探究其中蕴含的有用内容。也许我们还会记个笔记，草拟个提纲，或者哼个新曲子。

人类的每一次努力都是这样开始的。伟大的艺术可能源于梦境，科学的突破可能来自瞬间顿悟，商业计划的灵感可能在淋浴时被触发。

如果要让创意持久存在，并对世界做出贡献，就必须将其变为现实。产生创意并不难，人类本就是制造创意的机器。成功的关键在于其表现形式——分享、妥协，以及坚定的信念（这点尤为重要）。我们需要付出努力让别人信服。

技术是实现目标的途径之一。

在本章，我们将指导你如何实现创意以及在决策时如何选择真正重要的意见。你将通过一系列将这些宝贵经验与自身背景相结合的练习来找到最佳答案，并掌握采用技术构建平台的6个步骤。

几乎每一种技术的简史

技术带给我们工具。最早的工具是用石头和鹿角制成的斧头和锤子，但我们永远不会知道我们的祖先是如何使用它们的，因为事件记录技术在很多年以后才被发明出来。

大约100万年前，一些穴居人用燧石撞击石头，获取了火源，随后他们学会了取暖及在寒冷的环境中生存。公元前5万年左右，人类开始学会穿衣，并进一步扩展了居住范围。

在具有里程碑意义的英国电视连续剧《联系》（Connections）中，詹姆斯·伯克（James Burke）分享了10个科技史上的故事，这些故事将马镫与电信联系起来，并将计算技术追溯到黑死病时期。这是一种极好的历史叙述方式，因为他没有拘泥于当下。伯克基于历史经验和当代技术，预言了智能手机和自由的、普遍的、即时的及全球化的通信。这实在令人难以置信，因为那个年代的人对这些概念还处于懵懂状态。

电视剧《联系》于1978年首播，你可以找机会看一下。

这种远见是一种超能力——想象一下，如果是你，你准备下怎样的赌注！

本书将把这些原理应用到实际业务中，让你清晰地认识到事物的发展方向，及这对自己企业的重要意义，从而让自己不断获利。

站在巨人的肩膀上

回顾技术的历史，我们可以看到，技术是基于他人劳动成果并且不断发展的。（见图1-1）伯克举例说明了这一点，从汉密尔顿夫人到爱迪生，从大炮到织布机。艺术对抄袭行为嗤之以鼻，而技术以及它的好朋友科学却对效仿"欣然接受"。在本书第二章，我们将介绍"堆栈"技术，也就是利用别人的发明元素来创造新事物。

图1-1　叠罗汉
1919年，法国的运动员们以叠罗汉的形式搭成了一座金字塔。
［照片：M.罗尔/乌尔施泰因·比尔德/盖蒂图片社（*M.Rol/Ullstein Bild/Getty Images*）］

苹果公司依靠一个汇聚他人发明的技术的微型电子产品，发展成了在世界上极具知名度的企业。乔布斯的天才之处在于精心打造产品，并将之命名为iPhone，为用户提供极佳的体验。难道你不希望发明电视遥控器的人有他十分之一的远见卓识吗？就iPhone而言，其革命性突破不在于技术，而在于产品的易用性、适用性和迷人的外观。

同样，谷歌、微软和Facebook也不是它们所在领域的首创者。它们的总体思路不是关注产品本身，而是如何让产品吸引买家。它们率先采取行动，从而取得领先优势。

因此，我们可以很容易地得出结论：不用非得成为行业先驱者才能取得成功（先驱者可能会遇到各种风险）。我们只需要了解其他企业如何发展、如何应对市场风险以及如何将创新成果为自己所用，从而开发出自己的专属产品。你只需掌握快速实验方法，就能学会如何在市场上取得成功。

自远古时代以来，所有技术的一个共同主题，就是以前人的成功为基础来获得成功。技术让创意不断发展。当新事物成为可能，并最终可以轻易实现时，它们就为后期的新理念提供了平台。没有哪种技术可以永恒存在，但每一种成功的技术都推动了人类社会的发展。

近年来，市场上出现一种袖珍电子设备，它将几种技术融合在一起，可以免费将你的声音转换为文本。事实上，这种袖珍电子设备只是解决了该领域的部分技术难题。多年来，语音识别一直是人工智能领域的一个攻坚项目［感谢国际商业机器公司（International Bussiness Machines Company，简称IBM）投入数十亿美元来解决这个软件问题］。

但是语音识别软件需要的计算能力远远超过你的手机。智能手机开发人员猛然顿悟，为什么我们不通过无线数据网络将音频文件发送到海量计算资源库，在那里运行转换，然后将文本发送回来呢？我们现在称之为云计算，但它与我们以前称为"客户机或服务器"及我们的先辈称之为"局计算"的模式完全相同。

技术一直在为娱乐提供平台支持。如果不是现场直播，我们就需要某种媒介来传递我们现在所称的娱乐"内容"。你觉得莎士比亚和比利·怀尔德（Billy Wilder）会认为他们的作品是内容吗？马歇尔·麦克卢汉（Marshall McLuhan）将内容描述为信息而不是媒介，而技术在提供这种媒介。对莎士比亚而言，媒介是笔和纸；对比利·怀尔德来说，媒介是电影；而在现代社会，媒介则成为数字电视、电影、音乐、书籍和游戏等。这些都是天才的发明，只是现在的传播速度更快。

技术之所以能保持其重要性、不断发展的势头以及根本价值，主要原因就是它一直站在巨人的肩膀上不断发展，从而让人们取得成功。

创意从何而来

创意源于人们对现有事物的不满。对事情现状的不满，会激发人们去构想更好的方式，并促使他们下决心变革现实。

我们可以整天窝在沙发里，抱怨为什么没有人发明一种更好的方法来操控电视。而那些懒惰的天才们可能也正沉浸在有趣的客厅游戏中，但这样是不会成就任何事情的。

不要低估逆境对创新的作用。现在环顾一下你的办公室或起居室，看看有多少事物是在第二次世界大战导致的恐慌所推动的创新浪潮中发明出来的。把这些事物写下来，看看詹姆斯·伯克的语言实现了多少。

关于灵感启发，最经典的故事就是阿基米德的顿悟时刻。当他跨入浴桶时，看到水从桶边溢出，想到可以用"排水法"测量物体密度，兴奋地从浴桶里一跃而起。具有讽刺意味的是，如果当时已经发明了淋浴，阿基米德可能永远不会有这种顿悟。

爱迪生、乔布斯和爱因斯坦等科学"偶像"会带给人们一种危险的误导，让人们认为创意很大程度上来自个人灵感。毋庸置疑，这些天才和其他无数精英的英明决策为科技发展做出了重要贡献。但是，我们需要打破这种神话，因为必须认识到，只有将这些创意应用到最适合的用户群体中，它们才有可能成功实现，并不断发展、存续和消亡。

体验

每当我们做一些自己喜欢的事情，或者遇到一些对自己很有用的事情时，就会感到喜悦。这种对快乐的渴求，会影响我们对不喜欢的事情的态度——也就是那些会困扰我们，给我们带来极大的不便，而且对我们来说毫无用处的事情。

如果我们有这样的好恶倾向，就会花时间想各种办法来改善那些糟糕的体验。很多情况下，只有新创意的出现才会让我们重新思考。无论新方法是源自一个深思熟虑的过程，还是偶然的发现，我们都拥有了一个创意。

那么接下来的问题就是，其他人是否对此关心。

洞察力

进入一个新领域之初，我们通常会反复思考自己所见到的事物。作为团队的新领导者，在融入过程中，也会问一些看似愚蠢的问题。这样做有两个重要目的：一是可以进一步了解现状；二是可以获得那些已经熟悉情况的人们的新思维。尊重现有事物，运用全新的洞察力，你就有机会影响每个人去变革。

运用洞察力有助于让创意成熟。一开始，你最好将创意写下来。我的意思并不是让你简单地添加几个词，而是要边写边思考。把自己头脑中的创意拿出来，反复推敲、充实内容，然后再存回大脑。有的创意因其重要意义而被保留下来，而有的则被淘汰。

当创意发展到某个阶段，能让你产生信念去努力追求时，你就会主动采取行动（如果你根本不想花时间去追求，那么从最开始就不会产生这样的信念）。

信念

正是这种信念激励着你不断努力，全力付出，并在面对困难时能坚持自己的创意。困难始终存在，如果你缺乏信念，那么你的创意就会烟消云散。如果缺乏活力，你就不会跟别人分享自己的创意，也不会让别人相信这是一件值得追求的事情。

爱迪生、乔布斯及其他类似的名人，与那些懒人天才的区别正是这种信念的有无。

除此之外，还有以下两大重要方面。

分享

团队往往比个人更有创意。你可以用数学来证明这点。

如果我们把自己的创意深藏于内心，能够获得美妙的自我满足感，那么我们应该都那样做，我也希望大家都能从自己的创意中获得愉悦感。但这并不是本书的主旨。

一个新创意往往是基于旧创意而诞生的，并通过团队的共同努力得以完善。新创意要由团队通过研讨、交流而逐步完善。咖啡店的问世推动了18世纪英国的卓越创新，在这样的环境下，咖啡和茶取代了酒精，成为健康的并且能激发人们思维的饮品。这样，实现思想交流自然也就不足为奇了。机会只会垂青那些能交流思想的人。

将创意分享出来，让团队进行批判性讨论，以此进行检验和完善，才能更具生命力。无论你是展示一个精心设计的方案，还是提出一种处理客户订单的新方法，都表明了自己的观点，提醒大家不要满足于现状，并提出一个更好的解决方案。当团队决定实现某个创意时，创意所有权就从个人转移到团队。作为一个领导者，你可以针对创意设定方案、鼓励实践和不断改进，为此过程做出贡献，并且接受结果。

观点

如果你只是年复一年地用一成不变的视角看着同样的事物，怎么能发现新事物呢？引入新观点和接纳外界意见，才能产生新的创意和新的收获。

你也可以帮助团队和自己，通过重新认识新创意的来源，以新的视角看待事物。右侧专栏中是管理专家彼得·德鲁克（Peter Drucker）提出的"创新来源"。

请花点时间思考下面这些问题，问问自己：

1）行业将走向何方？

2）如今谁做得最好？我为什么选择他们？我会如何应对？

3）请一线人员（客户服务或销售人员）分享一份客户需求清单。看看自己是否深入了解过这些需求。

4）再请其他人仔细查阅自己的客户服务记录。这些记录是被许多公司忽视的宝贵的信息资源。

德鲁克的"创新来源"

创新的第一组来源，共有4个，均产生自企业内部，或者行业、服务部门内部。它们的基本表征如下：

• 意料之外——意料之外的成功、意料之外的失败、意料之外的外部事件；

• 不协调——实际存在的现实与假定存在的或者应该存在的现实之间存在不协调；

• 基于流程需要的创新；

• 产业结构或市场结构的悄然变化。

创新的第二组来源，共有3个，涉及企业或行业之外的变化：

• 人口结构（人口变化）；

• 认识、情绪和意义的变化；

• 科学和非科学的新知识。

创意去向何处

创新是创意实施的成果。

创意通过一个创造和管理的过程而产生和发展。各种不同的创意要经过严格的筛选。失败是成功之母，其诀窍在于实现正确的组合。

创新失败并不是因为缺少创意，而是没有将这些创意应用到相应的领域。当创意被分享时，它就进入了实验过程。这种新方法能行得通吗？如何造福他人？这个业务值得构建吗？

我并不认同商业领袖应该鼓励失败。他们应当鼓励以学习为目的的针对性实验，并认识到实验的成功与否在于它是否解决了某方面问题。如果这个实验过程能得出一系列结论来推进工作，那么它就达到了目的（如果追求目标时反复失败，那只能说明能力不足）。

詹姆斯·戴森（James Dyson）在失败中不断吸取经验，在坚持制造了5127个模型后，终于学会如何制造和控制旋风吸尘装置（关于戴森的详细介绍，请参见本书第十章）。

> 失败是最好的药，只要你能从中吸取经验。
>
> ——詹姆斯·戴森

众所周知，爱迪生在试验了1000多个灯泡模型后，才将产品投放到市场。他的能力有多强？如果他有一个没有耐心的老板，那我们现在是不是有可能仍在烛光下读书呢？选择放弃的时机是一个难题。如果你（或者你的老板）相信马上就能实现成功，那么最终你会找到正确的解决方案；否则，就可能会搞垮自己的生意。

当年，PayPal公司（美国在线支付服务公司）的联合创始人彼得·蒂尔（Peter Thiel）考虑投资一家社交媒体初创公司，但发现他的竞争对手Friendster[○]的业务大幅下滑，网站也日趋没落。看到这种情况，人们很容易得出结论，该行业是没有前途的。为了验证这一结论，蒂尔分析了Friendster的访问者保留数据。他注意到该网站的少数用户非常坚持，即使这个网站日趋没落，他们也会花费数小时浏览。如果蒂尔从一开始就放弃了这个创意，他就不会投资Facebook。通过深入

○ 全球性的社交网站，成立于2002年。——译者注

研究，蒂尔避开了陷阱（也就是实验的某个缺陷而非创意本身造成的错误）。

由此可见，我们在设计实验时，一定要像设计要验证的创意一样力求完善。

但如今企业最担忧的事情却恰恰相反。任何对验证创意支持的缺乏，都会使企业处于不利地位。因此，大家都不敢尝试，而那些想要成为爱迪生的人不得不另寻他处。我们需要缜密的思维和智慧，也需要自由发挥的空间，请把那些条条框框忘记吧！

成功意味着什么？乔布斯想要推出一台超越以往的电脑。于是他在将这个最佳产品推向市场过程中，几乎将整个电脑研发团队清洗了一遍。21世纪初，他又想研发一台可以存储上千首歌曲的口袋机器，让人们随时随地享受音乐。

每次他都会明确地制定目标。作为一个完美主义者，乔布斯为这个世界不断贡献着新产品，但在此过程中，他做出了妥协，第一代iPhone不支持拷贝、粘贴功能，因为他需要市场的反馈来制订后期战略。

我们应该无限拓展自己的创意，直到取得成功。当一个产品能实现所有设计功能时，我们就会向新的领域迈进。在苹果公司的发展过程中，随着iPod、iPhone、iPad等相关产品陆续推出也说明了这一点。成功的衡量标准可以让我们知道自己的创意何时会成功或失败，何时可以完成并停止。

任何创新都有一个发展过程，这可以概括为：

1）创意。

2）创新。

3）实验。

4）应用。

5）差异化。

6）商品。

7）冗余。

以上这些可以称之为"初版"，我们将在本书第二章进行深入探讨。现在，让我们先来看看第一步和第二步之间的桥梁——把创意变成现实。

实现创意

创意的产生只是开始，你还要对它们进行精心策划。当你开始在同事们和最初用户们面前逐步实现这些创意时，就踏上了成功之路。为了让大家都能梦想成真，本书的大部分内容都在努力阐述如何实现创意。

在本书第二章，我们将探讨创新思想如何被利益群体（市场）所接纳，这些人如何从早期的狂热盲信转变为后期的热情支持。以此为基础，可以明确你的创意如何在创新堆栈中发挥作用。

由于先驱者往往面临最大的风险和损失，我们将在第三章详细探讨如何培养一种全新的思维习惯，即关注那些已经成功实现创意的企业，认真思考并自问：如果我们也能成功实现创意会怎样呢？

当给你的客户提供任何新事物时，无论它们是高科技、低科技，还是干脆没有科技含量，你都给他们带来了一种改变，让他们以一种全新的方式来完成重要的事情。他们将检验你的创意，并通知你进行后续工作。你改变了他们，他们也改变了你。我们也将在第四章中探讨"随客户而改变"这一概念。

众所周知，实施新创意意味着变革，而这同样意味着你的同行的利益将受到重创。因此，在实施变革时很重要的一点，就是要确定你的企业是进行一次性的变革，还是进行连续性变革。

此外，你还需要加强控制变革速度和选择变革模式的能力。第六章阐述了你应如何通过调整变革速度来应对预测性损失。

创新可以让我们的事业取得极大的成就，但要做到这些并不容易。第九章汇总了所有的创新元素，让读者更轻松地掌握技术。

真正重要的意见

每个创意都应该得到尊重，但买方的意见才是真正重要的。史蒂夫·布兰克（Steve Blank）曾说，没有哪个计划能在第一次与客户接触后就幸存下来。这就引出了一个问题，你多快能得到客户对你的创意的反馈？

> **"更好的服务"测试** ⊖
>
> 请列出三种你认为可以更好地服务客户的方法。
>
> 然后列出三种你认为可以更好地服务同事的方法。

你的企业是一台为客户和同事社群服务的机器。（我们将在第四章中深入探讨这一概念。）

本书关注的是如何打造一个能为你的目标社群提供更好的服务的"优秀机器"。

只要仔细想想，你就会清楚"更好的服务"对于自己的目标社群有什么重要意义。这点非常重要，所以我希望你能关注自己当前的想法。请参与"更好的服务"测试，并且以此为基础进行后续学习。

人们总持有一种错误观点，认为创意来自一些特殊的地方，比如科学实验室、创新团队、智囊团等——唯独把自己排除在外。我坚决反对这种看法。

⊖ 这是我为你提供的第一个测试，旨在帮助你激发创意。这些练习密切相关，所以请大家花几分钟认真完成。

并非所有人都擅长沟通，或者有勇气大步前进，并且提出变革建议。领导者的职责就是鼓励大家提出自己的创意，编制一份重点工作的清单，并且将创意的论据和结果反馈给创意提出者。如果员工没有遵循创意行事，领导者就应该坚持探究问题的真正原因。

> 你的每一个同事，每一个客户都有创意。

公之于众

创意通过在公众面前曝光来进行宣传。让创意被接受的秘诀就是不断完善和包装它，让相关受众不断增加。如果受众人数维持不变，那么你就要改进自己的创意；如果这个创意无法立足，那就试试另一个。

如果创意明显不妥，就应该明智地放弃。倘若它有一定利用价值，可考虑将其暂时保留，以待观察，而不是彻底放弃。

你需要注意的问题就是如何分享创意、如何在公众面前展示创意以及与哪些人分享创意。人们总是倾向于在分享创意之前，对其进行包装润色，但是光鲜的外表并不能改变其基本的吸引力。简明可用的原型可让创意回归其本质，从而让人们对测试的基本价值更感兴趣。而且，这样的原型可以快速创建，轻松调整，并且不用过多考虑沉没成本⊖。

这里要明确一点，我们当然不应该因为沉没成本而影响决策，但这并不能改变这样一个事实：当沉没成本过高时，项目将很容易被取消。

具有讽刺意味的是，大多数企业多年来一直在运营某种产品的原

⊖ 以往发生的，但与当前决策无关的费用。——译者注

始版本。对于验证概念而言，这种原始版本足够完美。作为一名工程师，我也很清楚人们内心都有一种完善事物的内在需求，但我宁愿把时间花在制造更好的产品上。你也应该这样去做。

当你把创意投放到市场和客户社群时，就展示了自己的领导力。有时你会根据客户需求进行回馈，有时则会提供一种新的方式。

客户需求往往具有策略性——必须要给我解决这种问题，为我做这件事，否则我就会去和其他人谈生意。如果你经常这样思考，并且和很多有类似需求的人交流，你就会产生洞察力，从而给你带来巨大商机。例如，要创造一个人们可放在口袋中的全球性通信设备。

> 客户永远是对的。
>
> ——H. G. 塞尔弗里奇
> （H. G. Selfridge）
>
> 不要指望客户去了解自己的需求。
>
> ——乔布斯

虽然你很难去拒绝客户的要求，但至少可以做到三思而后行，取得适度平衡。如果你想与客户建立密切的关系，你需要正确引导客户。

一位创新者到底需要多少创意

15个，还是64个？

当然越多越好，只要这些创意能起到作用就行。如果你喜欢拥有这么多创意，那么我建议你把10%的创新时间花在创意上，90%的时间花在策划和测试上。如果你正在努力实现创意，那么我建议你在策划过程开始时，就可以让客户参与进来（见图1-2）。

创意构建是一个发散的过程。你应该天马行空地思考，不要拘泥于条条框框，而是应该关注内容。

创意策划是一个聚合过程，用以判断此时此地哪些创意最具价值。下面是针对创意策划的一些问题：

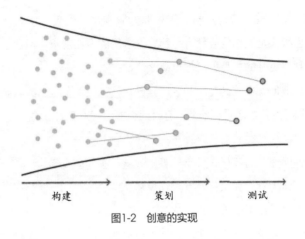

图1-2 创意的实现

1）这能为客户创造多少价值？开展这项业务要花多少钱？

2）以前是否做过？如果做过，结果如何？当前是否适用？

3）如果未曾做过，失败的风险有多大？潜在价值是否值得冒险？

4）我们是要摧毁一个现有的方法，还是只是调整它？

5）我们如何与尊贵的客户测试这一点？

6）我们多快能看到结果是积极的还是消极的？

7）怎样将其应用到我们的创新组合中？

在本书第八章，我们将深入研究创新组合。目前，我们只是简单提及这点。

掌握技术的第一步就是忘记技术。

目前，你要去思考你所关注事物的价值，技术就是途径之一。你可以从他人的成功技术中找到灵感；或者可能还需要提出一些实施方法，来应对风险，完成工作。

但是不要选择某个具体的解决方案，并以此为基础来构建你的计划，除非你按照那个方向来构建并策划创意。虽然这看起来显而易见，但你会惊讶地发现，领导者经常会本末倒置。

如果你不能把创意变成现实，那么创意就会失去意义。在这个阶段，除了灵感之外，技术还能帮助你快速构建原型，及对已策划出的创意进行测试。技术正是凭借这种能力，推动了近几十年来创新思维的发展。技术虽然是在科技领域中诞生，但现在每一个行业都是技术行业，不是吗？

为了进一步说明，本书第七章探讨了技术在提高洞察力方面的作用。第八章则介绍了技术在自动化、知识产权保护和为企业创造财富方面的作用。第十章阐述通过掌控技术来发展企业的美好未来。

避开噩梦般的消息

想象一下，当你某天早上醒来，翻开最喜欢的报纸时，忽然看到你最大的竞争对手推出了一款革命性新产品的报道，该产品的出现将可能蚕食你的市场份额。再想象一下，如果并没有发生这样的事情，当你到达工作地点的时候，听到了一个来自团队的提议，这个建议可以蚕食你的竞争对手的市场份额。

那么，你更愿意在哪里发现一个新的创意：（a）竞争对手的新闻发布会，（b）你的团队成员？

如果你的回答是（b），那就去筛选更多的创意吧。当筛选出最好的创意时，你将会以惊人的变革速度震动整个市场。但在此之前，请执行以下6个步骤：

1）把你的企业变成创意工厂。

2）清楚创意是站在谁的肩膀上构建的，并对此进行宣传。

3）对你所在领域的技术的未来有一个看法。

4）与客户一起发展。

5）让你的同事打消对变革影响的顾虑，增强信心。

6）从大处着眼，小处着手。

技术为你提供了构建创意的方法。在本书中，我们将详细阐述这些步骤。

实现创意——概括

1）技术是创意的平台：

● 包括艺术和科学。

● 技术让创意成为现实。

● 基于现有技术构建新创意，从而实现不断地创新。

2）在以下几种情况下，创意会应运而生：

● 对现状不满。

● 充分运用经验、洞察力和信念。

● 引入新观点。

● 在团队内分享创意，共同研究。

● 允许偶发事件。

3）创意的消亡或发展：

● 失败证明……

● 成功证明……

● 策划——相关性、时间线、依赖性，对创意提出者表达感谢，让创意源源不断地产生。

- 清楚成功对你意味着什么。
- 征求正确的意见。

4）实现创意需要掌控：

- 各种不同的客户。
- 消除变革带来的伤害。
- 速度和不确定性。
- 汗水和泪水——克服困难。
- 大处着眼，小处着手。

5）谁来做决定？

- 重要的意见。
- 你觉得事情怎么可能更好？他们是怎么做的？
- 公之于众。
- 与客户一起来完善，相互引领和跟随。

6）打造创意工厂：

- 技术是你的好朋友，是企业发展的重要支柱。
- 打造创意工厂是掌握技术的首要操作。

第二章

§

形成观点

> 设定你对技术的期望目标。
>
> 在此过程中，你将不断剖析自己对技术的看法，并逐步塑造全新的视角。

如今，我们比以往任何时候都更容易接触到技术。

无论你是研发技术、购买技术，还是开展技术合作，可供选择的方案的丰富程度都是以往不可比拟的。这种情况是有利有弊的。有利之处是，技术可以通过某种方式或途径来推动企业发展，包括你的企业；弊端是，你必须经过错综复杂的筛选后才能找到最佳方案。

如今，具有无穷潜力的硬件和丰富的软件构建了复杂的系统，人们以浓厚的创业热情，推动科技行业不断发展，达到自21世纪初互联网泡沫破灭以来的新高度。尽管这场狂潮已经随着时间的推移逐渐消退，但人们在商业化、创新和创意验证方面获得了极为宝贵的经验。

尽管创新本身并无新意，但技术的复兴加速了创意的实现。创办一家新企业从来没有像现在这样容易。也许正是过于容易，许多初创企业连像样的产品都没有，就着急上马，结局自然是一败涂地。整个行业就像注入了兴奋剂，混杂着新贵企业、初创企业和传统企业。

在这场狂潮中，消费技术在设计和客户体验方面已经超越了商业技术。在此过程中，我们对技术的期望值也逐步提高。我们都是消费者，可以用手机做很多事情，例如，与朋友或陌生人联系，管理健康计划和银行账户，还可以玩"愤怒的小鸟"之类的游戏等。

那么，为什么我们每天早上开始工作时，工作系统会让我们感到沮丧、头疼，并且让我们觉得它只会拖慢我们的速度，而不会提高我们的效率呢？

期望值。

电子表格软件可以让我们这些外行人只需要按一下按钮就能批量进行风险评估。那你是否还记得电子表格发明之前的那些日子（或者说那些你必须用计算器来统计预算的日子）？在能够使用假设情景分析之前，你需要制作海量的表格和报告，然后播放专业幻灯片来表达自己的理念。而就在会议进行时，当你收到消息，得知客户的股票刚刚下跌，于是匆忙地采取措施。你需要通过视频，向在伦敦的同事本（Ben）和在中国香港的同事伊格内修斯（Ignatius）沟通情况。然后在下班之前，将修改过的提案让大家过目。

在当今社会，我们要做的事情越来越多，有时甚至多得过分。经过几十年的发展，我们对技术的期望值也越来越高。当技术无法交付成果，难以被学习，或者其表现达不到预期时，我们就会无法容忍。

上面这些是你站在消费者立场上产生的一些想法。现在请你站在供应商的立场上思考。你的企业为支持销售和交付你的产品所做的一切工作，都是由相同标准包括形式与功能两个方面来评判的。你的产品也许符合宣传册上说明的功能，但实际体验是否能超出客户的预期呢？

日常工作——技术的作用

如今，我们能比以前完成更多的工作。因此，你也许会想当然地认为，这样在一天中你就会有更多时间可以自由安排，可以进行娱乐或休息。但事实上并非如此。当你能够完成更

> 问题就是总以为自己还有时间。

多工作之后，与此同时工作速度和生产率的要求也会水涨船高。

除此之外，我们还要处理大量的信息。例如，晚上9点45分同事发来的电子邮件、养猫族的社交网络更新，以及应接不暇的新闻、娱乐等。

我们根本不知道如何着手，更不用说去找时间来完成。

我们钟爱的技术可以帮助我们更轻松地完成日常工作，甚至可以替代我们来完成工作。今天晚上太累不想去买东西了？没问题，打开应用程序订餐，这样站在门口就能取冰箱补给。厌倦了自己来安排预约？很简单，使用相关的应用程序来完成。

下面，让我们玩一个游戏：说一说在过去的10年里，哪些小科技让你的生活发生了巨大的变化。我先说：

一本好书的触感体验是无与伦比的，一个激动人心的主题更是让人回味无穷。虽然我非常喜欢纸质书，但现在大部分阅读都是在平板电脑上完成的。这是一种完全不同的体验。我可以免费预览很多书，从而选择真正想要阅读的书。购买电子书以后，我可以直接在上面查阅陌生词语，还可以搜索相关的主题来增长见识。这些都只需几秒钟即可完成，然后我就可以继续阅读。亚马逊提供了几款用户接口程序，数字图书只是其中之一。

我有很多时间是在路上度过的。现在，我可以利用这段时间收听广播，用手机播放喜欢的音乐，这可以解放双手，而且不影响我在开车时观察路况。我可以命令我的手机给任何人打电话或发短信，就像和乘客

说话一样，既轻松又安全。

过去，人们每天要花几个小时去锻炼身体，还要花大量的时间挑选健康的食物。现在，我使用方便的8fit程序[⊖]，可以每天锻炼身体20分钟，还可以轻松地制作简单美味的大餐。如今，我的身体处于近年来的最佳状态。

现在轮到你了，请写出近些年技术通过哪些方式改变了你的生活。例如，技术在哪方面帮助了你？技术的价值是什么？

也许你所举的例子只不过是一些很普遍的消费产品，但你可能低估了其背后的技术，不过这是情有可原的。

当然，利用技术可以让业务变得更轻松更为复杂，但这并不是必需的。技术的功能都是相同的：使创意成为现实，提供信息以提高洞察力，并使我们可以说明的任何流程实现自动化。

如果你还没有开始行动，那就问问你的客户，技术在哪些方面帮助了他们，及技术的价值是什么。然后想想他们的答案对你意味着什么。

现在，你应该反思自己的技术观点了。

技术如何发展成熟——预测工具

预测和测试理论并且反复实践以达到目标的过程是很有趣的。虽然不知道未来5年或10年将会出现什么技术，但我们知道，我们已经拥有足够多的创意来开启这扇机遇之窗。我们可以通过研究一些公认的可靠模式，来探寻技术成功之路。

如果将这些观点与前文所述的"站在巨人肩膀上发展"的理论相结

⊖ 一款让用户在家中健身的私人教练应用程序，会根据用户情况制订合适的健身计划。——译者注

合，你就能形成一些关于自己的企业发展的观点。

我们回顾一下第一章中的创新发展路径：

1）创意。

2）创新。

3）实验。

4）应用。

5）差异化。

6）商品。

7）冗余。

当某个创意通过了策划测试，并开始实施，我们就可以称之为"初版"。当客户第一次接触这个创意理念时，可能会接受，也可能会拒绝。如果用户接受了，这个创意就被采纳了。如果说版本三或版本四在当时的市场上是独一无二的，它就具有了差异化优势，接受该创意的客户就会因此受益。产品将最终转变为商品，然后加入持续的竞争。最后，新的创新产品打入市场，旧的产品将逐渐消失。你会发现，在这个周期循环中存在4个关键决策点：

1）从创意到创新：你会把赌注压在这个创意上吗？

2）从实验到应用：何种程度的应用值得投资？

3）从差异化到商品：如何保持差异化优势？

4）从商品到冗余：你应该如何退出，及何时退出？

仅有一个很好的创意还不够，你还需要制订一个能将其发展起来的计划。当然，事实上任何计划都是理论，但是你还是需要使用一些工具来减少不确定性。

高德纳技术成熟度曲线（Gartner Hype Cycle）与罗杰斯曲线（Rogers Curve）

所有新兴技术的发展都会有起伏，人工智能（Artificial Intelligence，简称AI）就是一个典型的例子。这与我们接受新事物的方式完全一致。如果你对创新感兴趣，应该知道这是如何运作的。

埃弗雷特·罗杰斯（Everett Rogers）在其于1962年发表的著作中提出了创新扩散理论，并构建了"罗杰斯曲线"模型。我认为这个模型十分完美，有助于我们理解成功的创新如何吸引主流用户。如图2-1所示，罗杰斯曲线是一条钟形曲线，纵坐标轴代表创新的采用度，横坐标轴左边代表早期用户，中间代表主流用户，右边代表晚期用户。他的创新扩散理论认为，成功始于早期用户（包括有远见的人士、技术人员和猎奇者）的好奇心。当大多数人认识到创新的价值时，他们就会接受这一创新。最后，即使是卢德派分子中的晚期用户也会加入进来。

罗杰斯的理论已被无数次证实。

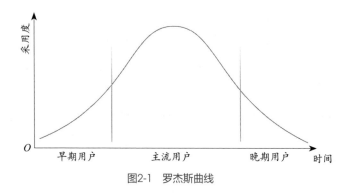

图2-1　罗杰斯曲线

⊖ 有趣的是，在此句中，把"用户"换为"适应者"也是可以的。

显然，成功者的秘诀就是很早发现秘诀，并沿着这条曲线一直向右发展。如维恩创新图（见图2-2）所示，成功需要以下因素：

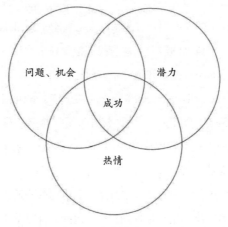

图2-2　维恩创新图

● 对技术潜力的认识。

● 匹配的问题或机会。

● 先驱者的热情。

如果你有研发技术的潜力，那就待在实验室里吧。如果能遇到合适的机会，你就会大展宏图。如果你还有热情，就有机会在商业上取得成功⊖。

除此之外，还有第四种元素，时机。也就是说，在正确的时间、正确的地点，结合正确的技术和客户需求。

正是这第四种因素，导致许多创新在几十年中举步维艰。人工智能

⊖ 你要知道作为普通大众来说，成功的标准是什么。要获取商业成功，可能只需要把握少数大客户。

在当今社会是潮流，但它在20世纪50年代时还处于构想阶段。在大量的科学项目和一些小的商业项目获得成功之后，人工智能终于崭露头角。它需要强大的计算能力和大量的数据，才能促成商业成功，因此我们仍然处于罗杰斯曲线的中心偏左位置。

当你认识到潜力和机会时，就可以满怀激情地投身其中。如果你能注意掌握时机，就会避免很多错误。

以下哪种表述最能体现你的雄心？

1）要么做大，要么回家。

2）持续稳定的进展。

如果你选择了"做大"，就要特别注意关键的成功因素。你正在引领一场革命，就像乔布斯和马斯克一样。但是如果你试图去采摘天上的星星，那么将会一无所获。

如果你更关注稳定的进展，就会采取一种更谨慎的方法，每天测试创意，并果断拒绝那些失败的创意。这就是逐步发展。经过卓有成效的工作后，才会取得成功。

或许人工智能能帮你找到答案……

FOMO 效应

当一项新技术出现时，处于罗杰斯曲线的早期用户会兴奋不已。他们会告诉身边所有的朋友，并开始幻想各种可能性。区块链的拥护者认为，他们所钟爱的技术提供了一个真实的互联网——一个不会受到侵蚀的信息存储库，它可以彻底改变肮脏的金融系统，打破拥有400年历史的传统会计实践，并终结选举腐败。2008年，一位匿名人士发布了一份相当精彩的白皮书，其中建立一个用于解决问题的共享事件簿，大家可以将自己解决某种事情的方案记录在这个事件簿中，以实现真实信息的互联互通。

为了使技术获得成功，企业必须满足众多付费客户的需求，以维持产品、业务或行业的运营。你的企业可以有效地为一些客户解决某种成本高昂的问题。许多企业可以在罗杰斯曲线的低谷处获益，或者，还可以为亿万人提供一个免费的解决方案，比如Facebook，并从中获益。

不管是哪种途径，我认为都有很大希望赢得目标客户。我曾经非常鄙视那种通过炒作（特别是过度炒作）来推动技术成功的观念。现在我意识到，这是一种实时演变的结果，因为技术投资是由人们对技术潜力的预期来驱动的。技术成熟度的概念并不新鲜，但高德纳咨询公司巧妙地抓住了这一契机（见图2-3）。

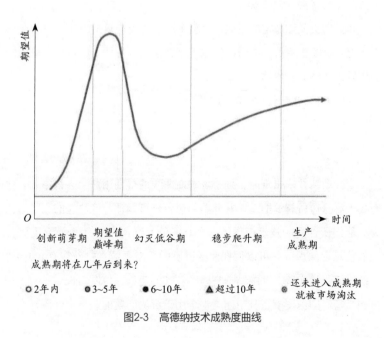

图2-3 高德纳技术成熟度曲线

十多年过去了，在我看来，区块链显然没有实现其承诺，其市场前景仍然饱受质疑，而且各类技术问题层出不穷。当前的技术解决方案所耗费的资金，足以运营一个体量较小的国家。

我认为目前该技术正处于稳步爬升的阶段，有足够的价值来说服沃尔玛（Walmart）公司、IBM公司和摩根大通（J.P. Morgan）集团提供巨额投资。你可以尝试使用公共或私有区块链，并在其中订阅许多可用的服务。

时间会证明一切，但我相信这是可以实现的承诺——真实可靠的信息将会鼓舞足够多的人找到方案。不管是区块链还是其他技术，都具有不可忽视的巨大前景。

你能想到的每一种重要技术的发展历程都十分相似，只是发展速度不同而已。人工智能（经历70年发展并且仍在持续发展）、互联网（用时25年发展到普及大众）、智能手机（用时7年发展到10亿用户），凡是你能说出的技术，我认为它们都曾攀升到期望值巅峰期，也曾经历幻灭低谷期，目前接近或达到了生产成熟期。

我认为，技术成熟度曲线可以帮助我们形成自己的观点。它让我们明确了以下两件事：

1）到目前为止，这一新兴技术的发展情况如何。

2）何时何地可能进入稳定期。

如果你认为自己应该成为领军者，那就赌一把，在新技术处于低谷期时采用它吧。如果你从这次冒险中收获寥寥，那就耐心等待其到达稳步爬升期。在期望值巅峰期应用技术的意义不大，如果等到生产成熟期，你就会处于追赶模式。

创新层级

众所周知，创新不会一夜成功。随着时间的推移，创意通过不同的创新层级得以不断发展，并最终得以实现。你需要明确自己应该选择哪些创新层级。

如表2-1所示，"基础研究"是发现的过程，实现科学突破，发明新事物。这种研究工作一般由专业人士在学术、商业或政府实验室里完成。基础研究提供突破性技术解决方案。其问题在于，解决方案要解决哪方面的问题？美国贝尔实验室的研究人员曾在寻找改进电话开关的方案时，发明了晶体管。但是他们开发的晶体管既昂贵又不可靠，无法取代开关。于是，贝尔实验室不知道该如何处理他们的发明。

表2-1　创新层级

层级	行动
购买解决方案	购买现成的解决方案
主流企业	创造更佳事物，实现产能稳定
快速追随者	创造新事物，实现稳步爬升
先驱者	最先进入市场，经历期望值巅峰，拥有过山车一般的体验
应用研究	启用技术成熟度曲线（可能）
基础研究	科学项目——长期投机

"应用研究"是把创意从实验室转移到具体领域以解决问题的过程。这是一个实验过程，找出解决方案存在哪些问题并进行解决。经过多年的应用研究，贝尔实验室证实，晶体管可以用来缩小助听器的尺寸。晶体管使电子设备的小型化和便携化成为可能。

先驱者是那些满怀激情去解决问题和寻找更佳解决方案的人。这些开拓者们废寝忘食地投身于应用研究，抵押他们的房子来筹集资金，艰苦奋斗，只为了成功。

当他们取得成功后，追随者们很快就会蜂拥而至。科技巨头苹果公司、Facebook、谷歌和微软公司都是追随这些先驱者，并开发了成功的应用程序。在许多情况下，他们的技术解决方案也许并不是最好的，但这不重要。重要的是用户采用了他们的方案。他们之所以能获得成功，可能是因为天时地利（比尔·盖茨赢得了IBM电脑操作系统的合同，购买了MS-DOS技术，占据了市场，微软公司从此一飞冲天），也可能是因为热情的粉丝支持（苹果公司的客户体验吸引了具有创造性思维的人们）、网络效应或者简单优雅的设计风格。

最高层级是简单地使用和完善别人的解决方案。也就是说，为你的企业购买一个系统，并根据实际情况来应用。

每当你跨越一个层级，技术风险就会相应减少。如今，每一个企业都可称为技术企业，但绝大多数企业都处于最高层级，他们从应用程序供应商那里直接购买解决方案。

在形成技术观点时，你应该想好在哪个层级行动。当你按照后续章节的指南进行创新组合时，最好选择用户层级和先驱者层级来实施行动。

一般来说，选择何种创新层级来行动，取决于你追求何种程度的差异化优势。如果你发现拥有更好的支付流程并未产生差异化优势，就可以从用户层级入手，购买一个系统就达到目的了。如果你想改变货币流通方式，可以效仿杰克·多西（Jack Dorsey）在Square公司、科利森（Collison）兄弟在Stripe公司、蒂尔等人在PayPal公司那样，采取创新方式。

想想什么时候你应该购买、构建或与人合作来获得你需要的技术。你关注了哪些趋势，又忽略了哪些趋势？

堆栈——汇聚技术力量

我在本书第一章中指出，技术的本质就是"站在巨人肩膀上发展"。你可以把以前的每一项技术当作基础，如果你在这个坚实的基础上，开发了一些对他人有价值的新事物，那么你就拥有了自己的企业资产，而其他人又可以在你的基础上开发新事物。这难道不是一件美好的事情吗？

技术堆栈是体现这一概念的主要方式。每次你使用一个技术的时候，使用的只是一个堆栈的顶部，并且可以通过手机的触摸屏来使用应用程序（你可以看到、触摸和使用的软件）。而这些软件运行在一个操作系统（用于控制手机硬件的软件系统）中，让硬件执行你的命令，并通过网络将信息传送到你的电视、打印机或任何其他互联网设备上。

而所有这些设备都在一个堆栈中运行（见图2-4）。

用户界面
应用程序
数据库
文件系统
操作系统
硬件

图2-4　技术堆栈

当应用程序供应商修改应用程序时，如果他们承诺质量保证，你的手机上的那一部分——用户界面——就会被更新，而其他层级不会受到影响。当你的手机制造商改进他们的操作系统时，该层级将被更新。当他们说服你购买他们最新的硬件时，你的新手机就可以用现有的软件和数据进行设置，前提是他们确保品质。

同样，你的业务系统运行在复杂的软件和硬件的顶部层级。你可以根据自己的喜好，在办公室内或者云端运行这个系统。这个堆栈可以在全世界传播。

最重要的是，你只需要理解一个层级，也就是就在你面前的顶部层级，你只需要动动手指，就能发挥巨大的技术力量。

当堆栈的一部分出现意外故障时，人们早已习以为常，并对此大发牢骚。当然，理由往往归咎于糟糕的品控或网络，但这不是我们的重点。

我们的观点是，如果你身处科技行业，可以替换堆栈的一部分，或者将其建立在任何其他行业中，请跳到详细阐述云服务的章节（第266页），了解更多关于云服务对于企业发展的意义。目前，请思考一下堆栈在你的企业中能发挥哪些作用。

设计技术——如何掌控

在将技术应用于企业的过程中，你做了哪些实际工作？

如果你参与过一个重大的技术项目，就会意识到期望值巅峰期、幻灭低谷期和生产成熟期这几个阶段。正如你将在本书第五章看到的，人们在经历重大变革后的情绪起伏曲线也与技术成熟度曲线非常相似。这些曲线如此相似是有原因的，而这并非因为技术。

当一项新技术进入市场时，许多满怀激情的人士都会参与进来，并为该项实验做出贡献。这些实验最终形成了被主流用户采用的可靠成熟的解决方案。

你的企业是一台能够为你的客户和员工社群创造价值的机器。

当你在企业中应用新技术时，就是在重新设计机器的工作方式，从而改变与客户互动的方式，改变管理制造和分销方式，丰富监控的信息，以提供更好的洞察力。当你将新技术应用到企业中时，就把客户放在了一个堆栈的顶端（见图2-5）。

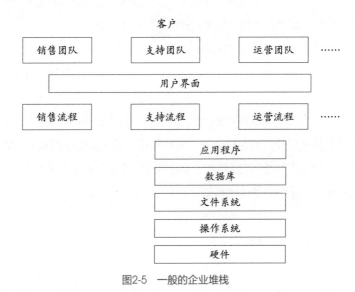

图2-5　一般的企业堆栈

很多时候，我知道客户支持新系统项目，只是因为他们需要一个"新的流程"。也许他们的销售团队和市场团队需要在整个销售漏斗系统中更好地协作，或者生产部门和发货部门之间需要改善沟通。就像罐装生产系统会在罐头外面设置警告说明一样，如果你选择的是市场上成熟的系统，那么这个系统就应该为用户提供现成的流程说明。没错，我们只需要修改那些值得修改的流程。但需要确保自己理解这个系统的工作方式，并且认识到系统功能的90%对你的业务是有效的，而剩下的10%需要定制。在这里，"有效"并不意味着系统的行为方式与你习惯的相同，而是表示新流程足够好。它可能比以前的流程更好，但你不应该过度设计，要把重点放在客户关注的地方。

你应该尽量使用现成的系统来实施行动方案，但首先要理解这部分业务的总体设计。当这些条件满足以后，技术将很容易实现。

设计你的企业

每一家企业都是精心构建的，每件事情的发生都是有原因的。其问题在于，该原因是被孤立考虑还是整体考虑的；该原因是在几年前就曾考虑，还是根据当前而考虑的。你了解以下问题吗？

- 产品开发是否已经解决那些去年团队报告提出的缺陷？
- 你的会计系统是否可以报告服务所需的数据？
- 刚刚完成项目的互联网技术团队，是否可以帮助新的软件团队？
- 你的客户引导流程是对所有的客户都有效，还是只对大客户有效？
- 客服支持系统是否反馈了上季度新产品的常见问题？
- 你能削减那些无利可图的产品线吗？

在任何一家企业中，情况都是不断变化的。我们变得更聪明，新技术变得更可行，客户的期望值会发生变化，竞争对手也在不断更迭。任何无法与时俱进

> 要么忙着生存，要么忙着死去。
> ——摘自斯蒂芬·金（*Stephen King*）的《肖申克的救赎》（*Shawshank Redemption*）⊖

⊖ 出自《四季奇谭》（*Different Seasons*），原名《丽塔·海华丝与肖申克的救赎——春天的希望》（纽约：维京出版社，1982年）。

的企业都将被慢慢淘汰。

你可以参与下面的"方案更新"测试，计算一下自己的分数。

这些问题没有对错之分，它只是衡量你的企业及经营方式提出挑战的频率。任何你满意的答案都是好答案。

能让你下次再进行这样的重新设计时，确保先选择流程，再选择系统，并且要大胆行动。

今天的问题也许就是明天的机会

我们被两种力量驱使去改革：

1）发现了一个值得追求的机会。

2）厌倦了去解决问题。

虽然本书主要是关于寻找机会的，但你必须把关注重点划分为解决问题——保持正常运营——不断创新发展。

下面，我来阐述如何解决问题。

问题与症状

企业是复杂的实体，而当我们在堆栈顶部运行电子邮件和文件系统时，会发现支持企业发展的技术也非常复杂。

当某些东西坏了，人们总是试图解决表征问题——通常没有时间

"方案更新"测试

请在下面勾选出在过去5年中，你的企业进行重新规划的领域。

☐ 客户旅程

☐ 从订购到交付

☐ 产品验证

☐ 新产品发布

☐ 制造

☐ 财务报告

☐ 变革管理

☐ 客户引导

☐ 若有其他请你添加……

根据对钩数量计算得分。

去做更多的事情。但是，在你找到根本原因之前，要仔细考虑多次尝试修复表征问题的成本。如果卧室的天花板漏水了，你是修补墙面，还是重铺屋顶？

因此，如果想要掌握技术，你就应该重点关注未来的、具有创造力的和能吸引客户的创新。通常情况下，当你发现屋顶漏水时，你会花大量资金来修复墙面。但从长远来看，针对根本原因来解决问题，才会提高你的办事效率。

解决与转移问题

你在解决一个问题的时候，会很容易被眼前的问题所困扰，而忽略了整体的环境。记住，解决问题和简单地将问题转移到其他地方之间的区别很大。从长远来看，"眼不见不一定心不烦"。

我们都很熟悉价值链的概念，即客户通过你的企业（生产流程）、客户的企业（客户引导流程），也许还有你的供应商（原材料和支持系统）所实施的一系列措施来获得价值的过程。由于每家企业都有某种形式的供应链。下面我们来具体探讨价值链问题的几种不同解决方法。

如果你发现了价值链中的一个问题，可以做3件事来解决它——接受、修复或改变。如果选择修复问题，你的解决方案必须考虑你的变革对于下游客户造成的影响，及对于上游供应商造成的影响。如果没有做到这些事情，你就会：

1）降低企业的生产效率并减少利润。

2）创建一个复杂的解决方案，极大地增加客户引导成本，让客服中心的电话响个不停，客户也将停止采用方案。

3）对供应商提出不合理的要求，损害你的合作伙伴关系。

诸如此类。

需要说明的是，将问题转移到价值链中成本较低的部分，可以改善整个价值链的健康状况，前提是你必须为这种问题转移做好准备工作，并对受影响的领域提供支持。

现在，请你说出一个你在去年第一次实施但未达目标的解决方案，并考虑以下问题：谁对结果不满意？他们为什么不满意？谁的工作因为修复问题而增加了？你对此做了什么？

你如何在将来解决问题时借鉴这些经验呢？

简化，简化，简化——让技术变得简单的秘诀

在通常情况下，技术会逐步过时，今天的新方法会随着时间的推移而变得不合时宜。变通方法和附加程序将被搁置一边，新的需求将通过折中的修正方案获得满足，而整个事情最终将变得一团糟。你可能会认为这有些悲观，但我敢保证，这种情况在今天的商业活动中正在发生。

当一个问题亟待解决时，你可以退一步思考。下面我们先来看看简化技术的3个神奇步骤。

1）理解全局——这个问题如何影响整个系统？它有多重要，为什么？是否有机会采用新方法来解决这个问题？

2）简化问题——去除不必要的步骤，质疑例外情况的必要性，知晓约束条件并想办法予以解除，采用人工测试来检查结果是保持不变还是变得更好。

3）应用技术来解决问题——实现自动化。如果某些步骤无法实现自动化，那么看看是否可以更改规则，使之成为可能。

对我们大多数人来说，简化过程并非易事。当难题出现时，我们会

匆忙做出判断，并实施脑海中出现的第一个解决方案。要通过练习，养成在行动之前写下至少三种方法的习惯，这样你以后就会泰然处事。

最妙的是，这种简化技巧既能解决问题，也能应对挑战。

你的商业实验室

我曾提及技术实践中的革命，它可以让你快速地构建、实施和测试新的创意，以便让你尽早找到客户。自21世纪以来，人们花费大量的时间和精力，投身于测试创新的实践上。

在2000年第一次互联网泡沫破灭之前，史蒂夫·布兰克（Steve Blank）就曾多次创业，也就成了创业的学术权威。布兰克认为拓展客户要比开发产品重要。换句话说，没有客户你就不可能有产品，所以你最好在测试前者的同时，也要寻求后者。

针对实际目标，你可以考虑采用以下三种方法来测试新创意：

1）轮盘法——发布创意，等待结果。

2）寻找朋友——招募早期用户，将创意提供给他们，以寻求支持。

3）稳固支点——与早期用户建立伙伴关系，并与之共同发展。

成功的概率从第一种到第三种逐步增加。大多数失败发生在第一种方法时，通常是在对业务规模进行重大投资之后。而第三种方法可能会带来最快的失败，但也是更多人成功的法宝。只有当你明确自己需要扩大销售和市场规模时，才会进行投资。

如果你没有思考如何建立创新需求，那么在技术方面的观点就是不完整的。

形成你的观点

你是老板。

你的成功将取决于你的观点。对于技术如何在企业中发挥作用，你要形成并完善自己的观点，本章为你提供了一些需要考虑的因素。

我们将用一些简单的问题来结束这个环节。

1）在未来5年里，你的客户对你的企业有何种期望？

2）你希望5年后你的企业会发展到何种程度？

3）你的企业在以下几方面存在哪些机会？

● 差异化——如何能发展企业的独特优势？

● 加速——如何能更快更好地完成工作？

● 高效——如何能提高工作效率？

● 培训——如何对客户、同事和你自己进行教育培训？

当阅读本书的其余章节时，我请你考虑一下技术对上述所有方面的影响。

此外，我还有一个问题——你能做到吗？

但是等等！在你读完本书的其余章节之前，先不要回答这个问题。

形成观点——概括

请从以下角度来挑战你的技术观点。

1）现在，技术比以往任何时候都更加丰富，使消费者和企业更容易做到：

● 通过采集和管理信息来提高洞察力。

● 将知识产权转化为资产。

2）预测模型可帮助你决定在哪个位置采取行动及何时参与其中：

● 罗杰斯曲线预测成功的创意将如何被采纳。

● 技术成熟度曲线显示了你应该有和不应该有的期望值。

● 创新层级与堆栈。

3）在部署技术之前制定基本规则，将使技术变得简单：

● 把你的企业看作是堆栈顶端的一台机器。

● 更新你的商业设计。

● 区分机会、问题和症状。

● 理解并简化问题或机会。

4）想一想技术在哪些方面能帮助你，并回答下列问题：

● 在未来5年里，你的客户对你的企业有什么期望？

● 你希望5年后你的企业会发展到何种程度？

● 你的企业在以下方面存在哪些机会？

–差异化——发展企业的独特优势。

–加速——更快更好地完成工作。

–高效——提高工作效率。

–培训——对客户、同事和你自己进行教育培训。

阅读本书后续章节，将帮助你回答最重要的问题：

你能做到吗？

第三章

§

设定目标

为什么渐进式思维会阻碍你的企业发展？

在本章，我们将讨论如何通过"大处着眼，小处着手"的方式来对技术进行押注。

当你认识到所在行业的技术潜力后，就会对自己企业的发展产生雄心。所有的领导者都在谈论远大的未来，但对"远大"的定义却各不相同。你是获利后就迅速退出，还是具有远见地全力投入去改变你的企业？你是急流勇退、见好就收，还是高瞻远瞩，成为行业标杆？

无论你的企业是兴旺繁荣还是仅能维系生存，技术都能发挥作用。如果你想做出最佳决策，就需要获取最佳的信息。在很多情况下，我们会因为过时的信息或偏执的观点而错失良机。

如果你读本书是准备改善某些方面，那么请你回答：为什么要这样做？你想要改进的地方存在哪些问题？

你的企业有何现存问题

　　既然你是一个领导者，那么很可能会对现状感到不满，而这正是一个有创意的人所需要的。如果你天生就不是安于现状的人，那么就会列举出许多你的企业当前需要改进的方面。

　　是时候摒弃你的偏执观点来付诸行动了。

　　如果你能完全认识到"优秀"对于企业的意义，请跳到下一步。如果你并未完全理解，或者你仍然心存疑虑，那么我想问你一个问题。

成就优秀企业的要素

　　现在你的企业存在哪些问题？或者说，除了你写的那些好的方面以外，剩下的其他方面包括什么？如果你不确定，请做个"现存问题"测试，泡杯茶，8分钟后再来找我。

　　很好，你刚刚完成了一个渐进式思维的练习：首先，明确企业的当前定位；然后，列出你需要进行改革以谋求发展的方面。问题是，你想要达到怎样的高度？

> **"现存问题"测试**
>
> 　　首先，写下你的企业做得最好的10件事，并根据其有用程度进行排名。
>
> 　　然后，再写下你的企业做得最差的10件事，或者是那些阻碍企业发展、丢失业务、亏本经营、降低客户体验，或者降低工作效率的问题。从最坏（*1）到最好（*10）进行排序。
>
> 　　最后，请让你管理团队的成员参加同样的测试。每人限时5分钟，然后整理结果，一同研讨。

　　这是一个战略思维问题，因为你现在进展顺利。下面我们现在就来回答这个问题。请接受"从优秀到卓越"测试。10分钟后见。

　　完成了？很好——你会得到类似于下面的表格（见表3-1）……

表3-1 "从优秀到卓越"测试表

项目	好坏程度（样例）
* 客户购买流程	第 8 差
* 客服中心	最佳
* 产品学习曲线	第 3 差
* 制造成本	最差
* 敏捷性	第 5 差
/ 获取新技能	一般
/ 发货时间	最佳
/ 伙伴关系	一般
/ 决策信息与洞察力	第 9 差
……	
网站	第 10 差
应付账款办理流程	最佳
老产品	最佳

这个列表是你企业的一些优先待办事项，在未来的一两年里需要（或无须）升级。如果你认为这些标星项目是具有差异化优势的领域，你是否认为这些领域在你所在行业中应该达到最佳表现？如果是，请圈出还未在行业中达到最佳的标星项目。它们可能在你的最佳清单上，但它们是否足够优秀？

现在来审查7个勾选项目。你

"从优秀到卓越"测试

首先，把你的企业的优势和劣势方面整理成一个包含20个项目的总清单。

其次，请你在未来5年对你的企业影响最大的5个项目上画"*"，然后在7个可能削弱企业地位的项目上画"/"。

最后，清单上将剩下8个没有"*"或"/"的项目。

是否认为这些领域应该在行业中实现卓越，以避免出现企业战略被削弱的风险？圈出你认为"需要成为卓越"的项目。

接下来，检查未圈出的项目。如果在接下来的两年里，这些项目都无人关注，你是否会满意？换句话说，它们现在是否已经足够优秀？

最后，请思考一下，是否有任何未圈出的项目被弃用、撤销或中止？如果是这样的话，就把它们从计划中剔除，停止运营，以释放资源，从而使改进工作变得更加容易。

如表3-2所示，这个清单中包括为实现企业卓越发展需要实施的工作，以及可以保持、暂停或取消的工作。

这不恰好能实现卓越吗？

表3-2 "从优秀到卓越"待办事项清单

项目	好坏程度（样例）	后续操作
* 客户购买流程	第 8 差	投入
* 客服中心	最佳	保持
* 产品学习曲线	第 3 差	投入
* 制造成本	最差	大幅投入
* 敏捷性	第 5 差	培训
/ 获取新技能	一般	招聘、开发
/ 发货时间	最佳	保持
/ 伙伴关系	一般	招聘
/ 决策信息与洞察力	第 9 差	投入
......		
网站	第 10 差	保持
应付账款办理流程	最佳	保持
老产品	最佳	停用

方案——构建商业设计

弗兰克·劳埃德·赖特（Frank Lloyd Wright）是他那个年代最伟大的建筑师。然而，当你今天欣赏他的532个建筑作品时，会觉得这些建筑看起来虽然很有趣，但并没有特别惊艳。这是因为，就像其他伟大的先驱者一样，他树立了建筑行业的标准，他的创意已经成为行业规范。当你参观他的建筑时，会发现这些建筑不只有引人注目的外观。漫步在古根海姆（Guggenheim）或西塔里耶森（Taliesin West）⊖，你会感受光线在每个房间里自由流动。赖特发明了向上照明灯，并且别出心裁地设计了窗户位置，从而获得更好的室内照明。他的设计全面而完善。

"从优秀到卓越"待办事项清单列举了实现你的中期目标的关键项目。但在你开始工作之前还有一步。为实现整体方案，你需要退后一步，将各个部分合为一个整体来考虑。

要站在客户的立场上思考。

例如，你要了解他们会怎样看待第一印象。想象新客户第一次接触你的企业和产品会有怎样的感受。他们头两次关键性评估的结果怎样（也就是说，他们在试用后是否决定购买你的产品）？在我们的示例列表中，客户购买流程位于顶部，产品学习曲线位于第三位，两者都是需要投入的领域。如果你们能按照建议的优先事项顺序执行方案，那么就会避免只针对某些问题来设计解决方案，而忽略协同性的风险。他们可以免费下载你的产品，消除学习障碍，并订购产品许可。同时，还可以为客户提供预先配置的产品，这样客户就可以省去配置环节。

多角度全方位审视你的方案，以获得整体思路。例如，画出顾客在决定购买你的产品后的90天内的行动轨迹，并在这段时间内任何有影响

⊖ 古根海姆博物馆和西塔里耶森都是赖特的建筑作品。——译者注

的因素上以蓝点标记。

其他有用的方面包括你的企业从收到订单到收到现金的过程，你的企业所服务社群的体验及一线员工在产品销售、交付或售后方面的体验。随便挑选一个利益相关者，亲自体验其在你的企业接受服务的过程，在白板上列举服务过程的优劣之处。

你的整体愿景将战略目标和渐进发展目标集成于一个整体方案中，准备在下一次、近期或后期进行改善。这与我们在本书第六章讨论的敏捷方法是一致的。

把你"从优秀到卓越"清单上的所有要素累加，就形成了自己的商业设计。

商业设计是一个宽泛的主题，为掌握技术提供了一个至关重要的视角。如果你想进一步研究这个问题，我推荐罗杰·马丁（Roger Martin）的著作，特别是《商业设计：通过设计思维构建公司持续竞争优势》（*The Design of Business: Why Design Thinking is the Next Competitive Advantage*）。

是什么阻碍了你

空谈是廉价的。决策容易而行动难。

变革是一项艰巨的工作。除非你的团队是专门为了持续改进而建立，否则每个人都会忙于各自的日常工作，满足于他们现在的工作方式。怎样才能激励或挑战他们离开自己的舒适区，和你一起踏上变革之旅呢？也许有些人想要改革，但即使有这个想法，他们也可能找不到在更换轮胎时还能保持车轮转动的方法。

改善你的企业需要一种特定的思维方式，这种思维方式必须融入企业文化中。我们在第一章讨论了创意的产生。你可以高效征求大家的创意，根据战略眼光来筛选这些创意，再决定是否采取行动。每种创意都是一种开端。

归根结底，掌握技术需要卓越地执行创意，用最少的工作使正确的创意成为现实，测试并迅速采用创意，或者剔除那些无法实现的创意，当解决方案足够完善时再继续行动。

这种方法不是轻而易举就能实现的。就像任何新习惯一样，它需要决心、练习和耐心。随着时间的推移，变革会自然实现。

你的另一种选择是对抗变革，并且可能会因为害怕痛苦而推迟重大变革。这使得这些变革事项变得越来越繁杂，你也不得不匆忙完成。这样，变革就会越发困难。周而复始，恶性循环。

既然我已经播下了一些怀疑的种子，那么我现在应该给你一个机会把心中的顾虑说出来。完成保守性测试（见右侧专栏）后，你会感觉更好。

如果我是个魔术师，我就知道你写下了什么，我们可以好好谈谈。可惜我不是魔术师，除非我们有机会面谈，否则我只能去猜测。我询问了许多领导者这些问题，以下是回答得最频繁的一些"保守性"答案：

- 我们以前从未做过这样的事。
- 每个人都忙着经营生意，没时间去做这种事。
- 我们根本没打算在这方面投入预算。
- 我们不知道从哪里开始。
- 我们缺乏做这件事的合适的能力。

保守性测试

请你重新审视"从优秀到卓越"待办事项清单，然后列举出你不愿意行动的原因。

我们不能让这个工作……

_____

_____

_____

_____

现在感觉好些了吗？你已经列举了一些保守性问题，下面可以着手解决。

首先，在上述原因中，将你认为最重要的3个标记为"X"。

- 我们尝试过一次，但是没有效果。

- 我们曾经做过，但后来半途而废。

- 我们不是一家科技公司。

这些理由看起来眼熟吧？很好，在接下来的几章，我会给你提供很多解决这些难题的思路。当你读到本书结尾时，你将会再次接受这一测试。

如果你想养成变革的习惯，那就摆脱束缚，赤膊上阵，加入战斗。在本书第五章，我们将谈到自信会成为获取成功的秘密武器——通过团队合作克服挑战来构建自信。

我们应该转换思路，把自己的思想从"如果做不到会怎样"转换为"如果做得到会怎样"。

做得到会怎样

我经常会把自己的偶像所取得的成就作为自己的目标。我的很多偶像都出过书，这也是我写本书的原因之一。我很期待体验这种经历，以某种方式模仿我的偶像。

科技媒体经常会连篇累牍地向你讲述那些老牌企业的故事，这些企业鱼龙混杂，有的成绩斐然，有的则声名狼藉。

我发现越来越多的新闻媒体正在走向娱乐化，反复宣传那些知名企业当然会博得眼球，但同时这也反映了新闻业的懒惰。一些企业虽然不太知名，但一直在做鼓舞人心的工作。只要你浏览任何一本商业杂志，就能找到那些正在革新其供应链或者付款流程的企业，及许多其他类似范例。

当然，你只能做到紧跟你所在产业的发展（你没有时间去阅览所有的商业报纸）。但是，了解所在行业内外的领导者在做什么，可以为你的企业营销激发新的思维。

从而我们会思考"如果做得到会怎样"这个问题。如果我能像谷歌一样采集客户数据，如果我能像沃尔玛那样运营供应链，如果我能像戴尔一样管理库存（他们可以保证两小时现货库存，而且不会损失一份订单），会怎样？

以前，只有沃尔玛、谷歌或戴尔这样的大公司才能完成这些事情。现在则不同了，每家企业都能成功实施这样的流程。

这要归功于技术。

如果你不熟悉其他企业的做法，就无法形成自己的技术观点。

现在我们来进行一下"做得到会怎样"测试（右侧专栏）。

这是一个非常简单便捷的练习，可让你尝试接触全球性研究。你可以与同事分享有趣的链接，以便进行下一步工作。你甚至可以指派专人来解决你认为最重要的12个问题。

> **"做得到会怎样"测试**
>
> 首先，请回顾一下你的"从优秀到卓越"待办事项清单。
>
> 然后，请使用谷歌搜索每一个事项做得最好的前五名企业（例如，客户购买流程最佳的企业），看看搜索出的结果是什么。跳过那些赞助商链接，随便看一篇新闻报道，看看里面写了什么。
>
> 如果你在报道中看到任何感兴趣的东西，就在那个待办事项旁边写上"如果我能像A企业一样做到B事项"。

掌握趋势

雄心壮志终究会受到资源的限制，包括预算、工时、技能等。

或者我们可以这样想，一个企业家怎么可能仅仅凭借激情和网络沟通，就产生商业创意呢？如果你经营的是一家成熟的企业，就必须拥有足够的可支配资源。简单地说，就是要让员工停止低效工作，以留出足够时间来开发创意。如果他们必须学习如何去开发创意，那就再多给他们50%的时间，这样他们就能很快弄明白。

相比于开发创意来促进企业发展，哪些工作的效率更低呢？答案是多得数不清。这些你无须一一列举。

不过，你需要回答以下问题：

1）对于列出的每个优先事项，谁做到了世界最佳？谁做到了行业最佳？

2）他们是什么时候开始这样做的，产生了怎样的影响力？

3）他们是如何着手做这件事的？

并归纳要点：

1）这对我们的企业意味着什么？

2）我们怎样才能复制他们的成功呢？

3）每周密切关注这些公司的股价和新闻动态，并在合适的时机与之联系。

互联网上有很多相关的研究资料，你要不断学习，与时俱进，随时更新计划议程。

具有远景思维

初创企业并非完美运营各项业务的典范，企业内部往往呈现混乱状态，存在各种不确定性，或是缺乏纪律性。但初创企业能通过尝试多种创意得以快速发展，并获得风投支持。据统计，每20家初创企业中约有一家能实现盈利，而且这些企业的员工大多效率比较高。

你可能会在你的企业中复制成功企业的一些做法，但很有可能，你从一个更传统行业中聘用的员工更喜欢逃避困难。几乎每一个企业都会有自己的创新者。史蒂夫·布兰克估计，在应聘传统企业的员工中，大约有10%的人可能是创新者，每一个有创新精神的员工都会想办法改善他们的工作。

但在设定宏大目标时，我们需要考虑初创企业的文化因素。归根结底，创业企业的生死存亡取决于他们是否有远景思维，其中优秀的企业能稳步快速地朝着目标前进。由于这些企业承受不起反复走入死胡同的风险，行业开发出很多有用的技术，你也可以将这些技术用于自己企业的创新活动。

下面是一些你可以借鉴的工具。

"待办事项"法

当挑战出现时，人类的思维会自动跳到解决模式。生存的本能告诉我们，我们需要行动，没有时间去思考。"待办事项"法能让我们把注意力集中在挑战（问题或机遇），也就是未被满足的需求上。如果我们想到有5种方法可以满足这种需求，那么最好的方法可能不是我们想到的第一个答案。这一方法由美国哈佛大学教授（《创新者的困境》一书的作者）克莱顿·克里斯滕森（Clayton Christensen）首创，也正慢慢被确立为一种设计体验和业务的工具。

商业模式图

每个企业都有相同的组成元素。商业模式图为我们提供了一个模板，描绘了9个不同领域的实践途径，即客户细分、价值主张、渠道构建、客户关系、收益来源、关键资源、关键活动、关键合作伙伴关系和成本结构。此商业模式图由亚历山大·奥斯特瓦德（Alexander Ostemalder）于2006年提出，已经在多个领域广泛应用，包括初创企业、企业新建子公司和重新规划后的成熟企业。

价值主张图

奥斯特瓦德并不满足于商业模式图，他进而开发了价值主张图，以便于更好地了解客户需求，并提供他们想要的产品和服务。此图与待办事项法结合使用时，功能更强大。

精益堆栈

阿什·莫尔亚斯（Ash Mauryas）在创业公司工作多年。他提出的精益堆栈融合了布兰克和奥斯特瓦德的想法，尤其是在与客户验证创意时，它可以帮助你设计和监督实验过程。

敏捷法

敏捷法⊖是技术创新方法的鼻祖。在本书第六章和第九章会有详细介绍。

客户体验

客户体验一直存在，但直到20世纪80年代早期才有人予以重视。而那时设计不佳的解决方案正让人们头痛不已。这是巧合吗？不管怎么说，如果你已经在关注客户体验，那就多关注一些。如果没有，你最好

⊖ 一种从20世纪90年代逐渐引起关注的一些新型软件开发方法，是一种应对快速变化的需求的一种软件开发能力。——译者注

从现在就开始，因为客户体验正在成为许多行业的筹码。如果你准备加入某个行业，客户体验可以成为你破冰的优势条件，至少在一段时间内是这样。你可以花点儿时间用谷歌搜索"客户体验资源"，并认真阅读详细内容。

上面所述不过是皮毛。你还要利用这些工具来帮助自己多角度全方位地思考自己的观点，摒弃偏执的观点。

如果你的目标是要实现"足够好"，我希望你能做到"大处着眼，小处着手"。我本可以引用尼尔·阿姆斯特朗（Neil Armstrong）的话，但我不会那样去做。

> 这是我个人的一小步，却是人类的一大步。
>
> ——尼尔·阿姆斯特朗

那么这句话表达了什么意思呢？那就是：

- 把要实现的目标放大10倍。
- 找到你能站在其肩膀上的巨人。
- 把你的商业社群当作画布。
- 一步一步朝目标进发，并且要经常使用重要观点来测试。

我们稍后将详细介绍这些内容。现在，你只需要知道，"大处着眼"需要你突破当前的思维限制，而"小处着手"则会让你在规则范围内稳步前进。

想想贝索斯、舒尔茨、扎克伯格、爱迪生和戴尔就知道了。你无须像他们一样知名，你只要满足最小可行市场也能实现自己的目标。

设定目标——概括

形成技术观点后，下一步就是设定目标。

1）第一步，总结你的企业现在存在哪些问题。

- 哪些方面要实现"卓越"？
- 哪些较差的方面需要变为"优秀"？
- 哪些方面可以弃之不管？
- 你的回答构成了"从优秀到卓越"待办事项清单，这也就是你的企业需要重点改善的事项清单。
- 从多角度来思考这些事项，将这些结果分组，并完成方案。在我们准备设定宏大目标之前，都会存在保守心理。
- 你在保守性测试中全盘倾诉。
- 在阅读本书的其余部分时，你将消除这些顾虑。
- 事实上，你应重复这个练习，来认识到自己当前的状况。

2）然后你的思想就会发生180度大转变，问自己"如果做得到会怎样"？

- 如果你的前五大改善项目中发展为一流水平会怎样？
- 有的企业曾经成功实现了你的目标。你要了解哪些企业及其如何取得了成功，这样你就会保持行业领先地位。

3）大处着眼，小处着手：

- 创业公司对此很擅长。而事实上，他们也别无选择。
- 你现在有了一套技术工具，可以帮助你改变习惯性观点，从另一个角度来思考你的问题。

□□

有了创意、观点和雄心，你就准备好开始改变生活吧。但是在开始变革之前，请先探讨一下你的工作范围。

第二部分

§

企业生存不能
仅靠技术

| 人类实施变革，变革成就人类 |

关键知识

§

在本书中，我希望你把自己的企业看作是一台为客户、同事、合作伙伴和供应商社群服务的机器。你的企业应该在一个能够实现社群交流的系统中运营。

你的企业在一个融合社群的系统内运行。

大 O 模型

看到下图你也许会很好奇："那看起来像什么？"这是一个简单的模型。外面的椭圆代表你的企业社群，中间那个长方形代表你的企业。下面我们就来阐述一下这个模型。

图　大O模型

你的同事在长方形内工作；你的市场——由你的客户（包括现有的和潜在的客户）、供应商和合作伙伴组成——在长方形和椭圆之间的部分运作。通过这个模型，我们可以探究技术在你的企业和市场（这是更重要的方面）中具有怎样的潜力。

本书的第二部分是关于如何在这个社群中实现变革。大企业会影响他们的客户，同时也会受到客户的影响。本书第四章讨论了企业应随客户而改变，第五章介绍了如何帮助你的同事应对变革，本书的最后一章则探讨了变革的步调、速度和执行情况。

你将在本书的第三部分再次看到该模型。

每当客户发现你的产品，然后下订单，或者与朋友讨论你的企业，及与你开展其他业务时，信息就会在你的商业社群中流动。我们将在本书第七章使用大O模型指导你如何更好地参与这些讨论。

当整个社群开始运转时，客户流程会从"盒"外开始，每次客户与你开展业务交流时，该流程就会进入"盒"内，结束时又回到"盒"外。在本书第

> 跳出企业的框架来思考。

八章，我们将看看技术如何帮助你为大家带来利益。

原因很简单，如果你能认真思考如何努力利用技术来打造企业，那么机遇就会青睐你的企业。有些会让你取得渐进发展，而有的则会让你取得质的飞跃。如果你能采用全局思考，也就是认识到你的企业是为了服务你的社群（你选择了它们，同时它们也选择了你），那么伟大的创意就会自然出现。当考虑到企业的存在是为了服务于你所选择的社群时，为你的企业人为划定界限将会限制企业的未来发展。

所以，我们不能那样做。

第四章

§

随客户而改变

> 追随和领导你的客户。
>
> 在本章，我们探讨了企业与客户构建密切关系的重要性、对客户未来的影响，以及如何利用技术来应对与市场相关的机遇和挑战。

客户在你的企业中扮演什么角色

你可以认真地思考一下，客户怎么参与的？显然，他们就像租客一样，付一些房租，赚一点儿利润。但你希望他们是昙花一现的过客，还是成为长期合作伙伴？你记住的是他们的具体名字还是仅仅是客户编号？

充满纷扰的世界

没有哪位在任的首席执行官会宣称他们的客户无关紧要，但有很多企业都是这样做的。这听起来似乎令人难以置信，但请你想想，某些保险公司在巨额赔付后会猛增保费，某些食品店在售卖那些贴着诱人标签、成分却含有危害人体的商品，也有些公司根本没有为客户提供有效解决问题和处理争议的渠道，只是留下一个从无回应的电子邮件地址。

在这个世界上，糟糕的客户体验随处可见。虽然这些企业可能并不是有意给买家带来糟糕体验的，只是从来没有去想如何把工作做得更好。

所以，你需要回答的第一个问题是：你的企业的客户体验对企业有多重要？更好的客户体验会改变你的企业吗？更差的客户体验会让企业受挫吗？这些变化需要多长时间造成影响？6个月？还是5年？

这个问题的答案取决于你的客户如何看待你和你的企业。你是否信守你的营销宣传的诺言？你的客户是否关心要付出多大努力来订购和接收产品？如果你的商品或服务没有达到广告宣传的效果，他们会另觅他处，还是会和你继续合作？

他们知道有做得更好的企业吗？你的竞争对手让你更具斗志还是备感挫折？

企业任何糟糕的客户体验都会给其他企业带来机会。

如果你在一个蓬勃发展的领域中工作，在不断变化的市场和激烈竞争的推动下努力前进，那么富有敏锐眼光的客户就会非常乐于参与到你的创新中来，分享他们对所做工作的看法，并从你的思维领导力中获益。

请你参加"客户服务"测试（下页），以确定客户体验对你企业的影响。

无论你以前对于客户体验的观点如何，本测试为你提供了一个简单、客观的测量方法，以指导你的行动。如果你想提升工作质量，或者想以更低的成本来从事相同的工作，请继续阅读后文。

"客户服务"测试

如果你希望客户经常购买你的商品，你应做到以下几点。

1）当你提供重复性服务时，看看有多少客户只会购买一次而不会再次订购。

2）每个企业都会有产品被退订，这很正常，但如果退订率超出了企业的容忍限度，企业就应该去进行调查、了解原因，并做出调整。

3）一个更好的衡量标准是客户终身价值，也就是你从某位客户身上从第一次到最后一次所获得的总销售利润。如果你能算出这个数值，那就采用其作为标准。如果你算不出来，请继续阅读，你很快就能做到。

如果你的企业提供的业务属于"一次性"的，那么，你的客户中有多少是被推荐而来的？如果这个比例低于10%，你的客户体验就可能需要改善了。

客户体验到底意味着什么，技术与之有何关系？

客户体验不是某个事件、某个部门或者某种哲学，它只是致力从客户的角度来审视企业，并采取适当的行动来改善不足之处。

这和信赖技术又有什么关系呢？几个世纪以来，客户体验难道不也体现了对技术的信赖吗？实际上，客户体验这个术语和实践是20世纪末由科技行业创造的。技术为企业设计了全新的界面，而其中一些界面被设计得很糟糕，并且未得到悉心关注。于是就产生了客户体验设计、客户旅程、可用性等概念。

在这种情况下，技术能帮助你设计和监控客户体验。技术可以让你与客户和同行传递信息，重新分配工作控制权，并随着你认知的提升和需求的变化而不断调整这些途径。当然，光靠技术并不能保证你得到的是最佳结果，需要自己做出正确决策。本章将为你提供一些指导，并为后续章节奠定基础。

从现在开始，我们要以客户为导向。我们要亲自体验客户的一段"旅程"。

你到底为你的客户做了哪些具体的事情

你自己当然清楚，但我不知道，所以请解释一下……

为什么客户关心你的企业？你在他们的生活或业务中扮演何种角色？

说真的，你做了哪些事情让他们非你不可？如果"非你不可"这种表述有点夸张，那么我换个说法，你提供了哪些让客户留恋的东西？如果你问客户这个问题（我希望你经常对很多人问这个问题），他们很可能会有以下3种回答。

1）非常需要。我们可能并不愿意承认这点，但没有你们的产品，我们将无法生存。它为我们消除了巨大的痛苦，如果失去了你的产品，将面临巨大的困境。

2）说得过去。我们购买了你的产品，也正在使用，但我们一直在考虑寻找替代产品，只是目前还无暇顾及此事。

3）你是哪位？哦，没错。事实上，我的老板（或配偶或父母）一直在提议是否可以削减一些成本，让我和我的团队核实一下，以确定我们是否继续购买你们的产品。

这一步骤非常重要，不能跳过。你也可以做一下"留恋度"测试，总结出清单以备日后使用。

大多数健康的企业仍然正常运营，因为有很多人心甘情愿购买它们提供的产品和服务。

下面让我们来看看客户是如何使用你的服务的。他们很可能要完成以下工作，与祖父母分享孩子的照片、聊聊昨晚的派对、

"留恋度"测试

写一句话来描述一下类似于"如果今晚不营业，你的客户会不会留恋"这类情形。如果你有很多这样的例子，把它们全列出来。

处理工资单、增加投资组合、按时交货等。这些都是人们觉得需要完成的工作。正如本书第二章所述，我们总是习惯于使用最好的工具在一天内完成更多的事情（或者早早做完事情，有更多的时间来冷静思考，诸如此类）。

因此，你和你的企业都是客户旅程的一部分。

你有幸成为客户旅程的一部分

你在产品的售前、售中和售后所做的每一件事，都会对客户产生影响。如果你提供简单的服务，最好让客户的工作也简单点。为什么续签驾照、提交保险索赔或与律师通信如此困难（比如拒收电子邮件）？

即使你提供的是较为复杂的服务，也应该尽量简化一些。想象一下人们在Twitter、Facebook或Reddit上表达对你的感谢：

"你治好了我的肠易激综合征，我现在感觉神清气爽。真是好极了，我爱你。"

"过去我处理工资单要花好几天，但现在只需要一个小时。我有更多时间去打高尔夫了！"

"因为房子被烧毁，我们都感到崩溃，但你们的理赔部让我的心情好多了。"

也许最后一句有点夸张，但这样你才会领会要点。你对于上述内容有何理解？

我在问这个问题时，并不是为了要求你们去创造一个新的愿景和使命，而是因为我认为你需要找到为客户服务的最佳方式；如果你只是单一地关注某些步骤，则无法达到目的。如果你这样规划你的企业，只会创造出更多各自为政的部门。

了解客户旅程是一种很好的方法，可以清楚地看到客户与你进行业务往来时必须采取的步骤，包括如何寻找、选择、购买和使用你的产品。最佳的客户旅程能为你提供一个关于客户情境的全景照片。当他们需要你的产品或服务时，是感到高兴还是沮丧？他们是健康的还是处在病痛中？他们是来去匆匆还是驻足缓行？他们付款时是愤愤不平还是心甘情愿？要彻底追踪客户旅程，你需要全面了解各个渠道——你收到的电话或电子邮件以及包裹等。你对客户旅程了解得越多，就越有能力为他们提供更好的体验。

我们都知道迪士尼公司、苹果公司和亚马逊公司是如何通过良好的客户体验吸引我们的。

当你研究客户与企业进行业务往来时的情绪变化时，会发现客户为什么会在市场竞争中亲近或远离你，而且你也会找到可以影响这些结果的方法。

如图4-1所示，客户旅程是帮助你实现这一点的一个简单工具。它是一个模型，可让你了解客户在寻求解决方案和满足（或不满足）他们的需求之间所采取的每一个步骤。然后你就能在每个阶段识别出他们的情绪，找到有效手段，并采取必要的行动来解决问题。

将客户满意度与你的企业建立起联系的一个好方法是，你可以了解自己是否按照许诺为客户提供服务，是否遵守了你的品牌承诺。

图4-2就是一个典型模板。

虽然客户旅程不尽相同，但是你可以通过一些例子，来描绘出以下典型的客户旅程。如图4-3所示，只要是正向增长就是好事，这是商业上的老生常谈，结果能证明方法是否有效。要注意，如果出现任何下滑趋势，都会使下一步变得更加困难。

你如何知道客户每一步的体验是怎样的呢？

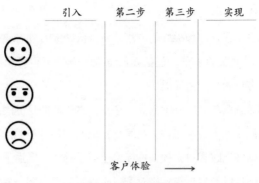

图4-1　客户旅程模型

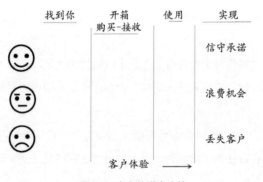

图4-2　客户的诺言之旅

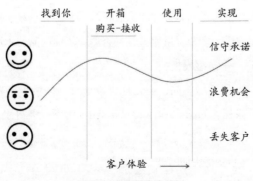

图4-3　典型的客户旅程

很简单，你可以直接问他们。

但是，问题虽然简单，回答却并不容易。稍后我们会指导你如何询问，包括使用何种辅助技术工具。

现在，让我们从场景的开头说起：当顾客走进门时，他们的感觉如何？

对客户进行情绪测试，以阐明你所传递的内容。为了增加测试趣味，让你的5个客户回答相同的问题，然后问他们你怎样才能让他们的生活更轻松。

完成了？太棒了。因为你把握住了建立良好第一印象的机会，下面让我们开始第二步……

客户情绪测试

当客户决定购买你的东西时，他们可能是：

- 兴奋地购物。
- 由于某些商品未达到期望值而感到沮丧。
- 由于需求紧迫而匆匆购物。
- 因为商品已经或可能破损而感到失望。
- 其他……

你该怎样帮助他们拥有好心情呢？

第一印象——开箱体验

在这方面，苹果公司经常作为典范被人提及，所以我在本书中谨慎使用。但乔布斯被人称道的对"开箱"体验的痴迷，让我无法忽视。苹果公司的产品给人的第一印象是非常圆润，产品的包装设计、提起盖子时的平滑顺畅，以及通过技术实现的简单设置，一切都是一流水平。

可用性是产品设计的艺术与法则，一切的设计要让产品使用流畅无障碍。例如，谷歌的简洁用户界面、亚马逊的一键购买按钮、迪士尼的快速通行证。在一个完美的世界里，这些都被妥善安排，客户也将拥有顺畅的体验。

路易斯·沙利文（Louis Sullivan）被誉为"摩天大楼之父"，美国芝加哥最早的一些摩天大楼就是由他设计的。他还是弗兰克·劳埃德·赖特的导师，是赖特尊崇的少数建筑师之一。

沙利文的名言是"形式服从功能"，但几十年来软件业却只是片面地加以应用。很多时候我们实现了产品功能，但却忽略了形式。我们应该反思，为什么我们在开发软件时，只将数据库的内容推到屏幕上，而不去考虑用户需求？

可悲的是，相当多的产品设计只关注功能而不注重形式。通过反复的电话沟通争取来的客户，现在却感到非常沮丧和不满；功能和变通方法的缺失，让客户苦苦寻求的价值消耗殆尽，而内置的过时硬件则大大缩短了产品寿命。这些都无法让客户感到快乐，也会让他们打消购买的念头。

每一个企业对客户都有"开箱体验"，但是很多企业并没有予以重视，更不用说优化了。我正在努力改变这种状况。

你如何评估是否给客户留下了良好的第一印象？现在来参与"开箱体验"测试。

> **"开箱体验"测试**
>
> 如何让客户接受你的产品？
>
> 在决定购买和获得所需要的价值的过程中，客户要做多少工作？
>
> 对于你的客户来说，卓越的客户体验是怎样的？
>
> 你能做些什么来实现这些？
>
> 你还能采取怎样的行动来带给客户好心情？

保持良好的印象——信守承诺

在每一个客户购买产品之前，你都会向他们做出承诺。你可以不去承诺，但是如果你销售时不敢做出承诺，就会失去客户。

你在为他们解决痛苦吗，使事情化繁为简，还是帮助摆脱困境？

还是说你让他们有所收获，把不可能变成可能，满足他们的需求或需要？

无论是哪种情况，你如何知道他们是否开心？你是否了解产品的使用情况，你的客户是否获得了所需要的产品价值？客户是否能轻松地联系到客服，来获取帮助或反馈缺陷？你是否主动联系客户，了解他们现在的心情是高兴还是困惑？客户是否会在其朋友和同事面前提及你的企业？还是说避之不谈？

你的客户旅程可能会有很多路径，但终将在以下3个阶段中的某一个结束，这将决定你给客户留下何种持久印象。本章旨在让你更清楚地认识客户体验，以便更好地管理结果，不管客户旅程是好的、一般的，还是糟糕的（见图4-4）。

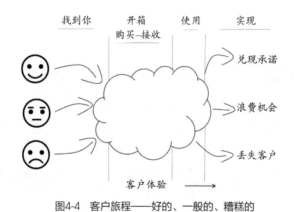

图4-4 客户旅程——好的、一般的、糟糕的

如果你信守了品牌承诺，客户就会反复购买商品，甚至会帮你介绍业务；如果客户体验一般，他们会感到犹豫不决，不一定会再次购买；如果你没有兑现承诺，之后的销售就会变得更加困难。

从客户参与到密切合作

我在前面说过，客户体验不是某个事件、某个部门，或者某种哲学，它仅仅是一种承诺，即从购买用户的角度来审视你的业务，并采取适当措施来改善现状。

在此背景下，技术可以帮助你设计和监控客户体验，让你深入了解客户情况，并有效和高效地为客户提供服务。

我们都能想出让我们高兴或沮丧的经历。但它们之间的区别是什么呢？我认为一次良好的客户体验分为3个阶段：

1）完成无摩擦交易。

2）提供绝佳的服务。

3）建立伙伴关系。

无摩擦交易

如果有人喜欢通过网上或电话下单订购，那很可能是因为他很期待从电子邮箱中、收件箱中收获惊喜，是某种形式的购物疗法。

但对于大多数交易来说，订购是一种烦琐而无趣的过程。要想获得快乐的客户体验，应该从简化订购和支付流程开始。

你在与客户互动时，就是在传递信息和（或）按步骤完成某件事。听起来平淡无奇，但这就是它的全部内容。

我们今天使用的技术恰好是围绕着信息的创建、存储和传输，以及工作的精简和自动化而构建。但是技术的智能化程度还不够，无法在正确的时间将正确的信息传递给正确的人，也无法完成人们期望它做的所有

技术还没有智能到会主动犯错误，它只会完成你让它做的工作。

工作。它也不会意识到自己犯错误，只会完成你让它完成的工作。

因此需要弄清楚你的需求是什么，及如何去完成。

例如，如果我反复向企业订购同一种产品，当我需要补足库存时，企业能提醒我一下吗？如果我通常订购同颜色产品，企业能帮我记住吗？我只需要通知你，企业就能尽快安排船运和开票吗？（企业能猜到那代表什么吗？）

无摩擦业务就是在实现客户需求和客户满意度的过程中避免不必要的摩擦。我们的期望值都很高，所以许多人认为这是理所当然的。但是，无摩擦的交易行为并非常态，很多客户都经历过混乱的流程、让人头疼的工作和不太满意的结果。这种无摩擦交易行为，让你的员工也会有很好的体验。

但归根结底，尽量让客户感到便捷是基本要求。这对于一个客户导向型企业来说是必要条件，但还远远不够。

绝佳的服务

我们生活在一个充满期待的世界里，所做的大多数事情都是以前做过的，可以通过以往经验预见到某种结果。当我们看到一个意外结果时，会感到很惊讶；如果这是一个惊喜，我们会奔走相告。当然也可能是糟糕的惊吓，但我们在本书关注的是令人愉快的惊喜，我们将对此进行探讨。

有一种违反常识的竞争优势。例如，我讨厌给有线电视公司打电话，而这意味着他们将很容易给我留下深刻印象。假设该公司的平均客服通话时间为45分钟，而我只花了平均通话时长1/4的时间就能得到解决问题时，我就会感到很高兴。尽管该公司的股票价格一直没有变动，我也不会改买其他公司的股票。因为如果他们对上万名客户都能做到如此高效的服务，该公司的股票价值肯定会上涨。

如果客户宣传你的（优质）服务，你的地位就被提升到了竞争对手之上。随着期望值的提高，客户就会希望获得无摩擦服务，所以你必须找到新的方法来打动客户。这会让你占据主动。

在我看来，要不断地取得进步，就要与客户建立紧密关系。

合作伙伴共同发展

你的一些客户比其他人更关心你（见图4-5）。在我看来，提高忠诚度的最好方法，是与你的"粉丝"合作创新来建立亲密关系。如果你能正确行事，这将成为引导你开辟新市场的策略。

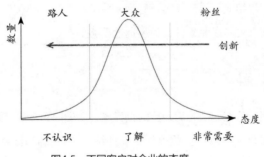

图4-5　不同客户对企业的态度

Alias公司⊖开发了Maya技术，该技术几十年来一直推动着电影特效业务的发展。1997年以来，每一部获得奥斯卡特效奖提名的电影都使用了Alias技术。我们公司在2003年获得了奥斯卡技术成就奖。这一功劳要归功于优秀的3D建模开发人员，及与业界领先的工作室的密切合作，这些工作室一直在不断地推进计算机模拟现实的发展。通过精诚合

⊖　软件公司，后被欧特克（Autodesk）公司收购。——译者注

作，我们为最亲密的合作伙伴开发了具有自主知识产权的第一款软件产品——Maya终极版。在新版本发布并上市一两年后，该软件升级为Maya完全版，即大众市场版本。现在，这个版本被成千上万的计算机图形学专家、专业人员和学生使用。这样，我们得以在两年后，将开创性的3D动画工具推向大众市场。

而且，汽车行业也采用了Alias技术。Alias公司通过我们工作室的系列产品，将类似技术应用到汽车设计中。该技术被保时捷、宝马和其他知名汽车品牌用于设计私家车。

> **"客户合作伙伴关系"测试**
>
> 请列出10个与你企业关系亲密的客户，今天可以通过电话联系。
>
> 现在，记下这些客户为你的产品创新所做出的贡献。然后想象一下，他们还可能做出哪些新贡献。你将如何努力让客户做出贡献？
>
> 列出另外50个普通买家，关系不像上面的买主那么接近。思考他们会在上述创新中为你创造怎样的价值？

花几分钟使用客户合作伙伴测试，并且将这个模型转化到你的企业中。

如果客户想与你合作，那你就拥有了一个黄金机会，这相当于客户加入你的企业之中。

与客户协同配合就是招募合作伙伴，并制定一个战略，将创新结果应用到市场。

这一部分至关重要，你的目标是最终改变客户。

改变你的客户

我们已经谈到了客户在与你开展业务时所经历的旅程。但当你的产品改变了他们的工作或生活方式时，你将给他们带来更大的影响。

你把最好的客户当作合作伙伴时，就做到了这点。

痛苦与收益

企业能为客户做两件事：消除痛苦和提供收益。很少有企业会只完成其中一件事。就像使用止痛药来缓解疼痛一样，投资经理们会通过基金的不断增长来让自己摆脱困境。我们知道，决策，包括购买决策，很大程度上都是情绪化的，所以很重要的一点，我们要非常清楚客户会做出什么决策。

他们在寻求减轻哪些痛苦？相关的收益是否会改变交易方式？同样重要的是：当你治愈了他们的伤口后会发生什么？他们必须继续吃你的药吗？你能从解决问题转向获得机会吗？

如果你卖的是止痛药，而你的竞争对手卖的是治愈药，那么你的竞争优势会更小。

人们说，帮狮子拔掉爪子中的刺，你和它就会成为终生的朋友。如果你试过，请告诉我结果如何。但众所周知，为客户提供一个快速和永久的解决方案，是赢得客户信任的一种方式。

赛斯·戈丁（Seth Godin）将其称为改变你的客户，阿兰·维斯（Alan Weiss）称之为改善客户状况。不管怎样，你已经对他们产生了有益的影响。在进行交易时有些客户可能只是买单，说声谢谢；而有些客户会把这看作是一段美好友谊的开始。我们对第二类客户更感兴趣。

在你的社群中激发创新火花

当你把一个新产品推向市场，或者把一个经过验证的产品推向新市场时，就是在为这个市场提供新的选择，一种解决老问题的新方法，或者一种可以避免那些老问题的全新的操作方式。

当然，你必须向你的早期用户和你自己证明产品是有效的。一旦你证明了自己的观点，奇迹就会发生。你就会在你的企业之外寻找创新的火花。

这一直是科技行业的最大推动力。新技术发挥作用时往往会改变整个行业，把它们转变为科技产业。自20世纪60年代以来，银行业已经转变为科技行业。自90年代起，技术行业不断发展壮大，每年都会有新的行业加入其中。

但这些转变并非自然形成的。更多的技术并未达到预期效果。真正取得成功的企业通常具有超凡的勇气、强大的适应能力，以及技术人员和客户之间密切的合作关系。

虽然你有雄心壮志，准备开展企业创新，但只有与他人分享后，创新才具有价值。并且，与客户一起创新可以提高成功的概率。

谁愿意了解对方的想法？

如果你是供应商，你必须让客户相信你能够解决一个成本高昂的问题，或者能把握住一个获利机会。客户必须得到肯定答复后，才会信任你的能力，为项目投资。

这个提议必须对双方都有吸引力。当你满足第一个客户或合作伙伴的需求时，你可以让他们非常高兴，但这只是一次性的。但是，你可以从早期客户那里学习，通过思考来捕捉更广泛的市场需求。有时这意味着跟随你的客户，有时则意味着领导他们，或者拒绝他们的要求。做好这件事，你们就会成为朋友。

如图4-6所示，招募创新合作伙伴是一个循环往复的过程：

1）拥有一个创意。

2）寻找一个早期合作伙伴。

3）论证这个概念（或者快速地反驳并继续前进）。

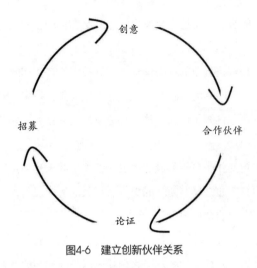

图4-6　建立创新伙伴关系

4）找到有类似需求的人。

5）重复。

当你的营业收入能被再投资于企业运营时（实现自助），客户就是你的天使投资人和风险资本家。他们的收益是更好的生意或更幸福的生活。你的承诺是，他们所做的每一笔投资都将用于交付一种更加成熟且符合客户需求的产品，能够让你们更好地维持合作伙伴关系。你完成下的每一笔好交易都会完成两件事：

1）创造足够的价值来弥补成本，并获得合理的利润。

2）提高产品的净值，以吸引其他客户。

一方面，如果你的客户想要一个完全符合他们具体要求的解决方案，他们应该聘用一个定制产品开发商，并准备好承担支持和改善的成本，直到他们接受解决方案为止。如果你接受这样的交易，就是在提供定制业务，而不是产品业务（见图4-7）。希望你不会把这两者混淆。

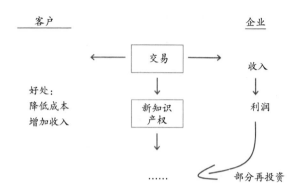

图4-7　一项交易的知识产权成果

另一方面，如果你打算制造一些一般商品卖给客户，而他们想要与其他客户共同承担维护和改进的持续成本，那么你和其他客户都需要妥协达成一致。

一起实施变革

下一章涉及变革的主题。你肯定听说过变革管理，它帮助员工积极应对组织中的高层决定的变革，做好充分准备，并配备必要工具。变革领导力更多时候适用于你无法要求客户进行变革的市场环境。他们有拒绝的自由，所以你需要尽你所能地说服他们朝你的方向前进，并且帮助他们更轻松地前进。

归根结底，你们的合作关系将体现各方的利害关系。相比之下，你是不是更需要客户？

如果说变革管理是艰难的，那么变革领导力则是遵循达尔文进化论的。只有强大的创新才能生存。

参与调查和影响

你需要尽你所能地说服他们朝你的方向前进，并且帮助他们更轻松地前进。

简而言之，与客户建立伙伴关系要进行学习，而学习内容就是敏捷方法。为了便于阅读第六章，我们假设：

- 如果你规划好了就去做。这是瀑布模型⊖。
- 如果你知道问题，但找不到解决方案，那么就找出下一步需要学习的内容，并用敏捷法快速学习。

如果你知晓所有的答案，并且确信客户会认同你，那么可以不用再与客户合作。但市场的不确定性通常是发展的最大风险，比技术风险和资源风险更大。

如果你抱着学习的心态，就有很大可能取得成功。我们在本书第三章谈到了这一点，并将在第六章和第九章中重温。

客户和你的品牌

对此，你应该基于以下几方面与客户开展合作：

- 为你和你的客户创造良好的客户体验。
- 合作创新——客户为你的产品开发投资，旨在从中获益。
- 你最忠实的客户会把你引荐给他们的朋友。

⊖ 指将软件生存周期的各项活动规定为按固定顺序连接的若干阶段工作，形如瀑布，最终得到软件作品。——译者注

你现在要回答的问题是，这些客户合作伙伴关系将如何为你的业务带来变化。短期内，答案也许是"很少的变化"。毕竟，这些事情需要时间。

例如，一次普通的客户体验可能要经过几年后才破坏客户的忠诚度，尤其是在寻找更好的替代方案的过程中，他们需要投入时间、开展研究和转换成本。如果你能为客户提供一种足够好的体验，他们就不会愿意另觅他人，而如果出现一群对你不太满意的客户，那你的企业的发展势必会遇到困难。

创新很少能在一夜之间站稳脚跟。苹果公司在2010年推出了平板电脑iPad。到2016年，平板电脑已经被50%的美国家庭所使用。智能手机和社交媒体也出现了井喷式发展。

从上市到雄霸市场，iPad一共花费6年时间。如果一个类似的创新开始在你的领域生根发芽，你也许会注意到。但你会及时有效地做出回应吗？在本书第九章，我们将讨论如何让企业在行业发展中保持领先地位。现在，让我们不要为避开竞争而沾沾自喜。

诺基亚公司和移动研究公司⊖就犯了这个错误。他们占据了巨大的市场优势，但经过一段时间后，他们失去了这种优势。尽管他们的反应相当迅速。

如果你的企业有可能因为忽视客户经验或忽视创新信号而倒闭，你会选择冒这个风险吗？

另一种选择是在你的品牌中融入与客户的亲密关系，并认真对待。技术并不是实现这一目标的唯一途径，但是在这个新时代，没有几家公司能不依靠技术，就将客户亲密关系融入品牌中。我们要做到更深入的理解、更有效的交付、更迅捷的产品革新和更贴心的客户服务。

⊖ 黑莓手机制造商。——译者注

客户的舒适区

我们都有自己的舒适区，我们希望朋友、同事、教练和合作伙伴能帮助自己成长。作为合作伙伴，你的任务就是带给客户信心，让他们相信你可以带他们走得更远。使他们意识到，如果没有你的帮助，面对强大的竞争对手，他们很难凭借自身的力量前行。

如果你的理念众所周知，并得到认可，客户就会洗耳恭听。如果你是一个业内伟大的思想家，但并未得到公众的太多认可，就应该很清楚你的营销资金在这两年应该怎样投入。

如果说被视为思想领袖为你开启了成功之门，那么拥有信誉则会让你踏上财富之路。

如果你的客户认为他们需要帮助去实现重要目标，并且认为你是很好的候选人，那么你的工作就是拓展他们的舒适区。最终，你的职能在客户的业务中可能会变得有些多余，但是好的客户会有一个习惯，那就是为可信赖的合作伙伴寻找新的合作机会。

员工体验

"没有快乐的员工，就不可能有快乐的客户"，这看上去像一种比喻，但盖洛普咨询公司（Gallup Consulting）提供了销售收益的证据。当我们身为客户时，都曾听客服中心的服务人员道歉，说"我们的系统今天很慢"，或者更糟的是，"我们的系统坏了"。这位想以客户为导向的服务人员一定非常沮丧，"我只是想帮忙，但是我的铅笔断了"。

如果你每天都要求你的同事成为优秀的客服人员，那么不要给他们糟糕的工具，从而打消他们的积极性。否则，失望会像病毒一样在员工中间蔓延，然后传染给你的客户。

不管是一线员工还是后勤员工，你都要为他们提供很好的工具，他们将在你的大力支持下，心情愉悦地运行高效的流程。

隐形的技术

你会问："技术能起到什么作用呢？"

在接下来的几章中你会知晓答案，但对此我们要强调一件重要的事情……

如果他们能做到……

在我们继续后续步骤之前，让我们来寻找一点灵感。

你是否曾经崇拜地看着一个人，羡慕他取得的成就？如果如此，你可以问问自己：我是否也能做到呢？如果我能像弗雷迪·墨丘利（Freddie Mercury）[⊖]那样唱歌呢？如果我能像斯蒂芬·金（Stephen King）[⊜]那样写作呢？如果我能像亚里克斯·霍诺德（Alex Honnold）[⊜]那样独自征服酋长岩呢？

如果你这样思考过，下一个测试就很容易进行。如果你还没有想过，还是先试试吧。

参与"如果他们能做到"测试，以便为"如果我们也能做到会怎样"部分做准备。

> 如果技术是你的产品，那就把它放在前沿核心位置。而对于95%不出售技术的企业来说，就让技术隐形吧，在后台提供支持即可。技术能为客户做些什么才是最重要的。

⊖ 皇后乐队（Queen）的主唱，以极佳的唱功闻名。——译者注

⊜ 美国作家，出版了多部畅销小说。——译者注

⊜ 美国攀岩大师，也是全球徒手攀岩第一人。酋长岩以陡峭和凶险著称，号称全球最难攀爬的路线。霍诺德于2017年用时3时56分成功登顶，成为全球首位徒手快速登顶酋长岩的人。——译者注

"如果他们能做到"测试

请列举一些你知道已取得一些成就的公司。也许他们在为你服务方面做得很出色，也许他们把产品推向市场，使你的市场或其他任何市场发生了革命性的变化，或者他们在证券交易所出尽风头。

现在想想技术是如何帮助他们达成目标的，并且列出要点，以备后用。如果你半夜醒来时想到一个新的创意，请在你再次入睡前把它记下来。

我试着在你的潜意识里植入一个窃听器，并且每天都提醒你这样做，并让你不断反思："如果我能做到会怎样？"在本书第十章，我们将会为你提供很多建议，但在这里，我将提供以下一些简单的例子，看看你是否能做到：

- 像亚马逊公司一样管理订单？
- 像谷歌一样理解数据？
- 像苹果公司一样精致设计？
- 像迪士尼一样运营娱乐项目？
……

当年，这些公司开发出自己的独创性产品或功能时，别人难以望其项背。但现在这些都已经变得十分寻常。

完成了？很好。

在后续章节中，我们将更深入地讨论如何让你的企业掌握技术。当你继续阅读本书时，我希望你能思考"如果我们也能做到会怎样"。你一定要把自己的想法记在笔记上，以备日后使用。这些也将在最后几章中用到。

随客户而改变——概括

在本章，你了解了与客户共处，了解了他们的观点。当你了解了客户后，就会清楚如何针对本书后续章节的内容，及未来的技术掌握之旅采取行动。

我们都认为自己清楚为客户做了些什么，当然，我们很可能做到了，但不断检验是很重要的。世界在不断变化，我们的客户也随之改变。如果我们不能及时了解客户动态，就会落后。

如果我们在了解客户需求后，发现有必要采取措施，技术就会提供帮助。通过将自己置于客户的流程中，我们跳出了自己日常生活的界限，融入他们的生活。还有什么地方比客户的口袋里更好呢？

记住，客户体验不是某个事件、某个部门或者某种哲学，它能让你从客户的角度来看待业务，为你的企业提供资金，并采取适当的行动来改善企业的现状。

在这种情况下，技术可以帮助你设计和监控客户体验，深入了解客户，并更有效和高效地为客户提供服务。

了解客户是如何看待你的企业的，不管是迫切需要、充满矛盾，还是形同路人，你都可以知道他们对你的关心程度。体验从"识别需求"到"满足（或未满足）需求"的客户旅程，使客户体验可视化。如果你能看到它，就可以决定从哪方面来改进，也就会知道如何给人留下更好的第一印象，并且维持深刻而持久的印象。

最好是与你最好的客户建立长期的合作关系，这将对你在客户体验、产品导向和其他方面的成功起到重要作用。这些合作伙伴也可以让你们互相影响、改变彼此。

第五章

§

构建自信

> 利用专业的知识、清晰的思维和坚定的信心实现变革。
>
> 在本书中，我们使用大量的篇幅从多角度探讨了商业主题。这让我们勇敢地面对变革，不再面临变革时惊慌失措。为了在必要的时候能够成功转型，我们还要创建一支充满自信的团队，把变革看作是发展的机会。

我希望你现在已经开始明白为什么我对技术的潜力如此兴奋。但我更开心的是，我能帮助你激发新创意，开发你企业的潜力。如果你的目标是想以最快速度来取得最大成果，那么我们需要探讨一个比较大的障碍。

变革。没有什么比技术更能影响变革。

变革可能是被人们讨论得最多的商业话题，这表明了它给我们所有人带来的巨大破坏、挑战、限制和压力。然而，我们生活的每一天都在发生变化。计划改变了，我们期待发生的事情没有发生，但意外总会不期而至。

就在人们对此逐渐习惯的时候，有人站出来实施了变革。

那个人会是你吗？

如果是这样的话，你就需要掌握让团队适应变革的技巧。在本章，我们将探索成功变革的要素，及成功所需要培养或获得的专业知识。尽管技术的掌握离不开专业知识，但本章很少提及技术知识。

磨快你的斧头

我喜欢在冷水中潜水，在冷水中待得久了，习惯了就会感到很暖和。

你可以在下一个改革方案中采取同样的方法。但是，如果你的团队没有信心去完成任务，也没有认识到这对企业和个人来说都

> 没有准备的人，就是在准备失败。
>
> ——本杰明·富兰克林

是非常有益的事情，那么他们就很容易畏难而退。就像电影《黑客帝国》（*The Matrix*）中的情节一样，你想在现实世界中表演特技十分困难，但如果你面对的是未知的变化，就会自然地做出回应。

怎样才能让你的团队在新的变革中不陷入困境呢？答案就是充分准备。更确切地说，诀窍在于进行适度的准备。为了弄清这一点，让我们先看看为什么变革如此具有挑战性。

别搅乱我的世界

你上次完全按计划完成一天的安排，是什么时候？是不是你坐在办公桌前，没有收到任何值得你紧急关注的或者让你兴奋的邮件或电话；或者当你开车去参加会议时，路上畅通无阻，而这个会议的进行完全符合你的预期？

如果你在过去的一个月里能有如此完美的一天，就非常幸运了。事

实上，我们每天都要面对很多未知情况，我们要适应并生存下来。如果我们化挫折为机遇，就会茁壮成长。

那么，为什么变革被认为如此困难呢?

我们每天消耗的卡路里约有25%是由大脑消耗的。

- 熟悉的日常工作意味着我们很少会遇到新难题，如果工作处于混乱状态，我们则需要进行更多的思考、投入更多的精力，并且消耗更多的卡路里。

- 当我们知道自己在做什么时，会感觉更好;新事物则让我们心里没底。

- 我们对可预见性感到宽慰。比如我们会很高兴知道自己有能力继续支付抵押贷款。

当决定改变自己的生活时，是因为我们相信，这是我们所选择的最好的道路，因此会欣然接受并采取行动。

但是，当别人来告诉我们某些事情必须改变时，就意味着我们需要抛弃一些熟悉的东西，那么就需要说服自己。我们可能会质疑:"现状就这么糟糕吗?"即使我们意识到变革对企业更有利，仍然可能把它视为对自身的一种威胁。不管团队成员是多么忠诚，多么努力，多么投入，他们很可能还是会抵制变革的创意。

作为一个领导者，你需要承认这种阻力。同时你要知道，谁感受到了这种阻力，为什么会存在这种阻力，这种阻力是否有价值（通常是有价值的），以及如何在你的计划中反映出这种观点。如果忽略它，你的目标将被破坏。保持乐观——这种阻力可能会为你提供有价值的东西，影响你的成败。

运营与升级之间的紧张关系

任何团队（企业）每次都只能做有限的工作。企业的运营（完成工作来支付租金）和升级（提升工作质量）之间存在着紧张关系。这种紧张关系可能是提升你业务的最大障碍，如果你想要掌握技术，就必须解决这个问题。

许多企业都要求员工高效工作，进行日常的交易和事务处理，创造收入以支付薪水和房租，并为企业提供任何升级所需的资金。

企业还需要为升级配置资源。很明显？是的。经常被忽视？糟糕透顶！企业想要实施变革，但却不提供优秀的员工和充足的时间，这会让大家感到非常失望。

没有秘诀、良方或者魔法药水来解决这个问题，你只能努力付出。那么，你要如何平衡运营与升级之间的关系来实现目标呢？

把事情做得更好意味着改变做事的方式

在实施创新时，我们会努力把事情做得更好，改进我们正在创新的事情的完成方式。例如，我们是否要提高洗碗机的工作效率，是否要在上班途中抄近路，是否要编写软件以便让客户确信交货时间将缩短为以前的十分之一。

> Tech（技术）一词表示那些有待将来发挥作用的事物。

有些目标，比如"10倍提升"，只有采用全新的方法才能实现。如果这种新方法能提高工作效率，我们当然会很高兴，除非它出现了问题。然而新生事物往往会出现问题。

人类处于食物链的顶端，是因为我们通过找到更好的生存方式而快速实现进化。

因此，在工作中我们必须通过实验来逐步完善，别无他法。换句话说，我们必须通过变革来达到更好的状态。我们在变革时感到越顺畅，发展得就会越快。

改变复杂性可能会把事情弄得更糟

21世纪以来，我敢说我们主导了大多数创新。智能手机成为我们的"口袋计算机"，并为我们提供了超过10亿个应用程序。或是1000万个应用程序？具体数量我忘了，但这个不重要。

意料之外的后果

你并不总是需要技术来把事情做得更好，但是当使用技术的时候，就失去了某种程度的控制权。如果失去这种控制权，你不可能从容应对。如果出现问题，你需要依靠他人来解决问题，而他可能正忙于解决另一个问题。

所以你只好等待。你暂停所有工作，这可能会让你感到有些烦躁。如果你和客户一起工作，他们可能也会变得烦躁。我听说有些人天生具有极强的忍耐力，但最终你的求生本能会发挥作用，你也会找到某种解决办法。

这是一场大规模的颠覆行业的变革，但现在大部分应用程序都在解决简单的问题。例如，让用户在各个现有的数字媒体上发送信息，或者让他们玩愤怒的小鸟。

商业具有多样性和复杂性。这种复杂性很容易让有目的的创新产生意料之外的结果。

如果没有快速解决故障的方法，变革就会举步维艰。

希望给予我们回报——我们喜欢变革

你可以把一个图书馆装满关于变革管理的书，我就是这样做的。我最喜欢的是威廉·布里奇斯（William Bridges）和苏珊·布里奇斯（Susan Bridges）于1992年出版的《转型管理》（*Managing Transition*）。

这本书非常关注客户旅程。

归根结底，每个人都希望自己能够变得更好。

变革是一段痛苦的旅程。了解这点，并且清楚"不只我自己是这样"，将对你有所帮助。

布里奇斯将这种变革过程描述分为3个步骤。许多其他变革大师会提出八步、九步或十步，但布里奇斯的"三步论"为变革提供了最灵活的起点。它们是：

1）结束过往。

2）中间区域。

3）新的开端。

如果你不能抛弃现状、结束过往（结束意指不再使用以往的做事方式），就不可能进行变革。如果你不接受新的挑战，就无法到达目的地。中间区域就是你要努力弄清楚如何去开始新的生活。在某些情况下，需要弄清楚它们到底会是什么样子。

考虑到情绪因素，变革过程会很难。虽然其他的变革专家如约翰·科特（John Kotter）和杰夫·希亚特（Jeff Hiatt）擅长将活动分解成一些可操作的部分，但是他们主要侧重于工程设计，而布里奇斯关注的是情绪。

变革，或者说转型，都与情绪密切相关。在思考问题时一定要考虑到情绪因素。基于前人的研究，我总结出了"五个变革转折点"理论，它们影响了我500多项变革计划的进程，这些变革计划可能是由技术促成的，也可能是由技术激发的（但不是由技术驱动的）。

还有一个重要问题：这一切的乐趣在哪里？

如果人生是一次旅行，你不妨享受它

人生是一次旅行，随着我们的成长而丰富多彩。但我们往往会在路上受阻。

在商业背景下，这是你进行变革管理时会遇到的难题。无论你喜欢与否，变化都在发生，每天都在逐步适应。然而，许多企业将变革视为一种每隔几年发生一次的事件。痛苦就这样不断积累。智能手机横空出世，传统经营的成本不断增加，曾经可靠的商业系统逐渐老化等问题逐渐凸显，而这些现象都成了调整业务机制的理由。现实的压力将变得越来越大。

当这些问题累积到临界点时，你会深呼吸，决心不惜一切代价破釜沉舟，大量投资，准备在翌年实施变革。而当变革进行到中期时，一些意外事件可能让你前功尽弃。所以这个变革需要两年的时间和一些折中方案。工作完成后，你会再次深呼吸，庆幸这一切都结束了，并祈祷在你以后的职业生涯中不会再遇到这样的变革。

你是否可以稍微调整一下自己的心态呢？不要认为你将会在不久需要完成一个巨大的变革，而是应该意识到，你现在正处在变革之中。下定决心，让团队更好地理解如何完成你安排的事情，明确说出你不知道的事情，并主动学习，以便采取后续步骤。

然后，你应采取一些小的步骤，从今天就开始行动。别指望这一切会结束。你应该调整你的心态、你的预算、你的商业计划，甚至你的愿景。

你会决心开启这样的职业生涯吗？

让油轮转向而不让拖轮沉没

阿图·葛文德（Atul Gawande）因将强迫症重新归入医疗范畴而声

名鹊起。在他2009年的著作《清单革命：如何持续、正确、安全地把事情做好》（*The Checklist Manifesto: How to Get Things Right*）中，葛文德阐述了如何使用一个简单的检查清单来拯救生命。通过敦促外科医生洗手，他拯救了很多人。

葛文德曾在《纽约客》杂志上发表了一篇文章《为什么医生讨厌他们的计算机》。在这篇经典文章中，他讲述了一个有关重要系统在新英格兰十几家医院应用的故事。在其他著作中，他曾阐述了许多由重要系统支持的变革计划，涉及金融业、保险业或其他任何你关注的行业。

当然，没有哪个项目会比医疗项目的风险更高，而且这个项目的预算是16亿美元（没错，是16亿美元而不是1.6亿美元）。参与人员都清楚自己的职责，他们都是医疗领域、信息系统、数字健康、行政管理等各个领域的专家。

本项目的创意宗旨是为了让医疗保健提供商可以轻松地采用数字方式访问和了解病人的信息，从而使医院能够更高效地运行。然而，由于部分细节被忽视，导致团队整体工作受到影响。我建议你认真阅读这篇文章，为便于阅读，现提供以下背景资料：

本项目的技术提供商Epic是行业领先的医疗系统提供商之一，从事该行业已达40年，对业务了如指掌。执行团队向来自每一个利益相关者群体的代表（病人、医生、护士、行政人员、其他支持人员）都进行了详细咨询。除了一些忙于救治病人的工作人员以外，大多数人都参与了调查。在收集了用户需求后，系统开始运行。

系统上线后不久，一些明显的缺陷逐渐显露出来。例如，医生们以前只需要花两分钟就能解读出所要的数据，而现在却毫无头绪，有用的数据全都淹没在一堆杂乱无章的病历中。

在故事的结尾，葛文德暗示了一个圆满的结局。一位处于领导地位的脑外科医生与一位来自"臭鼬工厂"○项目的技术团队成员开展合作，根据自身需求定制了专用系统。

虽然这个案例中的领导者是一位脑外科医生，但你并不一定要去做一个灌输成功变革思想的人。

这篇文章为我们提供了许多经验，其中许多内容我们在后续章节还会提及。现在，请你思考在文章中的医院改革过程中出现的以下问题：

> **"臭鼬工厂"项目**
>
> 你知道我有多爱臭鼬工厂吗？他们总能找到最好的解决方案，而不受官僚体制的束缚。
>
> 创意新、风险小，并且见效就推入市场。这就是有效实验的精髓。
>
> 让臭鼬工厂也在你的企业中合法运营吧。

- 维护病历的功能方便了医疗人员的工作，但却使医生难以解读数据。这是一个"非预期次级影响"的典型例证。
- 尽管经过了严密的设计、开发和测试过程，系统启动后还是出现了许多问题。系统上线不是终点，而只代表初始阶段完成。
- 葛文德并未提及在系统向千万用户发布前所实施的原型制作或小样本测试。采取小的步骤并发现问题，可以最大限度地减少对医院程序的不利影响（看上去像"臭鼬工厂"）。

在我们继续之前，我想让你回想一下你曾实施过的那些"让员工痛恨电脑"的系统计划。但你好好想想，虽然计算机可以聪明到完全按照你的要求去做事，但绝不会聪明到去主动犯错误。现在请你准备纸和笔来参加"摆脱电脑"测试（见下页）。

你在下一次会不会采取不同的方式去做事？比如？

○ 指洛克希德·马丁公司高级开发项目（Advanced Development Programs）的官方认可绰号。鼠鼬工厂以迅速、有效的成本控制著称，是全世界从事高科技产业的大型公司效仿的标杆。——译者注

让我们来看看，哪些变革的基本知识可以让我们吸取教训、避免失败。

动量

要让一艘满载的油轮（重达50万吨）停下来大约需要20分钟。如果情况紧急，有些油轮可以在14分钟内完成紧急制动，但这种情况下产生的噪声令人难以忍受。

油轮的转弯半径达2英里 [○]，要是选错了方向，那可就糟糕了。它们是人类可以操控的动量极大的设备。

而改革你的企业则更为艰难。

> **"摆脱电脑"测试**
>
> 问题在何时出现？
>
> 检查和修复关键问题花费了多长时间？
>
> 对企业的项目成本、销售、客户体验等方面造成怎样的影响？
>
> 这些不利影响是否可以避免？

企业的每次改革都将改变一些（往往是大多数）员工的日常工作，员工和客户都会根据自己的节奏来适应。如果是巨大变革，他们会沿着以下个人变化曲线向前发展（见图5-1）。

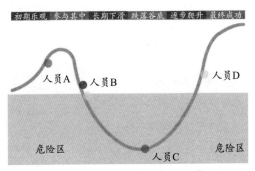

图5-1　YouCurve个人变革之旅 [○]

○　1英里等于1.609344千米。——译者注

○　此图描述了人们在环境或境况发生重大变化时所经历的情绪起伏。——编者注

如果我们每个人对改变自己的小世界都感到难受，那么要让所有人都实现同步适应将会多复杂呢？我们都要认识到变革的价值，协调好我们所依赖的人和关系，一起踏上征途。

变革需要许多领导者的努力才能取得进展，但只要有一个反对者就会破坏这项工作。作为一个领导者，你需要为你的团队设定现实的目标。下面请参与"调整团队步伐"测试，来探索你可以领导团队执行的细小而有意义的步骤吧。

欣然接受"次级影响"

次级影响很少会提前显露，它们往往是主动改革产生的副产品。当Epic公司按照大多数用户的要求实现了文本编辑灵活性时，没有人意识到这将降低医生（也就是机器上最重要的部分）的工作效率。当这种情况出现时，医生们会感到十分不便，接诊的病人也越来越少，甚至会影响医院整体目标的实现。

次级影响并不总会导致糟糕的结果。比如青霉素就是通过意外事件发现的。在本书第六章，我将提供一个流程，来梳理出项目所能产生的次级效益，也就是你可以加以利用的附带利益。

"调整团队步伐"测试

列出你团队中的三四个成员。

将每个成员的变革阻力划分为低、中、高。

你可以采取什么措施来使团队以最快的速度前进？例如：

• 全方位向团队宣传变革概念；

• 与团队的每位成员进行单独面谈，了解他们的想法；

• 与团队成员分享每个人的从最高到最低的变革阻力的情况。

巨大变革还是系列变革？

我之前曾说过，如果你的企业每10年才进行一次改革升级，那么在此过程中会积累很多问题。就好像如果你只顾闷头开车，汽车到处漏油，乘客座位下面漏了大洞，其中两个轮胎也在撒气，那么你的汽车迟早会报废。如果你的企业在失败的系统中运行，它也会面临同样的风险。你现在可以得过且过，但总有一天会陷入困境。

如果你把赌注压在一次巨大的变革上，那么你的下一次系统升级将会非常困难，而这并不是成功的秘诀。

与此相反，如果你能频繁更新企业的系统或组成部分，变革就会更迅速，更有可能紧跟客户和员工的需求。这时，你的变革是连续式（或者说渐进式）的，每一次变革都是微小的；团队抱着"不断革

> **"调整工作节奏"测试**
>
> 想想你已经完成的一个变革计划，并列出变革的每个阶段。（只有一个阶段也可以）然后，列出每个阶段完成的重要任务。
>
> 现在思考一下，你是如何将各阶段工作进行细分的。这对于你的下一个计划有何影响？

新"的心态，也会感到更加快乐。你不用再苦苦追赶你的竞争对手，反而会超越他们，成为客户眼中的杰出供应商（见图5-2）。

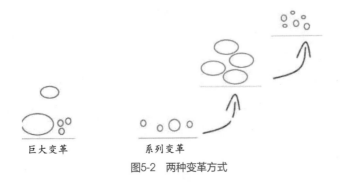

巨大变革　　　　　系列变革

图5-2　两种变革方式

你更想采取哪种措施？参与"调整工作节奏"来寻找答案。

信心就是一切

对大多数人来说，适应不确定性并不是一件轻松的事情。如果你是少数能做到的人之一，那么请注意，你的大多数同事可能需要获得一些信心。

> 只要拥有无知和信心，你就一定会成功。
>
> ——马克·吐温

大多数人对可预见的事情都会感到放心，但在商业世界里，我们要能预测未来——5年后，我们的客户会看重什么？我们的竞争对手可能采取怎样的行动来领跑市场？经济、政治和技术的发展趋势会怎样？我们别无选择，只能面对不确定性。我们只要正确行事就会取得成功。

幸运的是，我们可以充满信心地对某些事情做出预测。而对于其他的事情，我们则必须利用机会，善于规避风险，尽我们所能提高胜算。

我们往往通过成就来获得信心，而使企业适应变化的最好方法，就是建立一个充满自信的团队。拥有自信，团队就会在掌握信息的情况下做出最好的选择。拥有自信，当发现更好的途径时，团队就可以及时转向。

建立自信的团队

团队建设活动已经成为一种寻常的社交活动，也被人们视为一个在工作之余与同事建立密切关系的机会。例如，大家可以打一晚上保龄球。有时这样的活动可以创造真正的同志情谊，但很多时候成员们会有受迫感。

但是，大家一起接受一个共同的挑战，这就是团队建设。共同克服困难，是建立同志友谊的最好方式。这就是为什么退伍军人在战争结束后几十年还能一起聚会，为什么运动员们退役多年后，都能在一起参加比赛。

"信任票"测试

是什么给予你信心？

是什么给予你的老板、董事会信心？

是什么给予你的团队成员信心？

下面我们将一起研究一支获胜球队的生命周期。但在此之前，请你再次拿起纸和笔，参与一下"信任票"测试。

你的创新团队

我不赞成"梦之队"的说法。我见过很多刚刚起步的球队，如果有人建议他们签下迈克尔·乔丹⊖或韦恩·格雷茨基⊜，他们会觉得根本不可能。因此，要努力创建一个谦逊自信具有荣誉感的团队。

也许下面这个体育方面的类比分析，可以帮助我们更好地思考这个问题。任何优秀（或伟大）的运动队都有其明确的属性：

● 平衡：每支足球队都有11名专业球员。他们大部分都至少能够用一侧的脚踢球。但是停球、创造机会和射门得分是专属特长，决定了每个球员在防守、中场和进攻中的角色。如果你把射手榜前11位球员组成一支球队，他们会输掉每一场比赛。

● 经验与年纪：年轻球员跑得更快，有经验的球员更会跑位。每支伟大的球队都会将两者合理组合。

⊖ 美国前职业篮球运动员，史上伟大的篮球运动员之一。——译者注

⊜ 加拿大职业冰球运动员，全球冰球传奇人物。——译者注

- 教练：优秀的教练很少是伟大的球员，但他们知道如何让自己带领的球队发挥出最高的水平。他们会引导队员建立自信，从而获取胜利。
- 可视性：当我们观看一场比赛时，会看到比赛的构成、球员角色，以及球队能力的强弱。可视化使球队的改进变得更加容易。

足球运动从本质上说就是阻止对方进球，并且尽量把球移动到对方球门附近，努力争取比对手进球更多。球队合作得越好，赢得的比赛就越多，球员也就变得越有信心（见图5-3）。

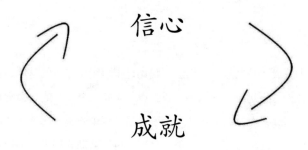

图5-3　信心驱动成就，成就驱动信心，但究竟哪一个在前面呢？

那么，让我们来思考一下变革的流程。我们首先要找到一个客户需求，然后设计一个能够解决客户最关心问题的方案，并且进行构建，证明其有效，然后启动。这就是我们"射门得分"的全过程。

很简单，对吧？但事实上，我们很容易把注意力集中在"输入"和"输出"，也就是需求和启动上，而忘记了中间的部分——设计、学习和验证其有效性。这部分决定了变革的最终质量。你能在第一次就把这件事做好吗？还是必须要重置项目吗？你的路线图会带来额外的价值吗？还是说你会为了弥补第一次尝试的失败而努力追赶？

现在回顾一下我们上面提及的关于足球的类比：比如有这么一支球队，他们一直在控球，使得对方很难得分，但同时自己也无法靠近对方大门以便射门得分。那么，这支球队取得的最好结果也不过是平局，而在很多时候，很可能会因为一次意外失误而葬送全局。

建立一支"平衡"的队伍

虽然每个企业都有自己的独特需求，但变革团队中的核心角色都是一样的：

- 商业赞助商（努力追求成果）。
- 项目负责人（每日做出决策）。
- 项目管理者（项目管理、协调、催促）。
- 商务设计师（商务专员、准备程度评测员）。
- 构建人员（技术角色：思维架构师、开发人员）。
- 质量协调员（细节导向设计测试员）。
- 完整性检查员（系统思考者，可用性倡导者）。
- 知识管理员（编制最简而有效的文件）。
- 顾问。

每位员工都有其专属职责。你很可能已经拥有了胜任各岗位的优秀人员，下面请问他们以下问题以了解他们是否胜任本职工作。如果你也在担任以下某种角色，请回答关于你自己的问题。

商业赞助商：商业赞助商是否能从该项目的成功中获得最大的利益？他们会在大多数时候及时做出正确的决定吗？而且更重要的是，他们是否拥有优秀的领导力和质疑精神来带领团队？

项目负责人：这些人是以执行为导向的吗？你能授权他们做出团队无法做出的大多数决定吗？他们是否有能力按照预定时间完成任务？他们能指导整个团队的决策，并对结果负责吗？

项目管理者：这些是组织者吗？他们能协调团队吗？他们是否会设定明确的预期目标，并且带着同理心投入工作？他们会与团队成员建立和保持友谊，避免疏远团队吗？而且更重要的是，他们是否有作为项目经理的经验？

商务设计师：这些人是企业最好的商务专员吗？他们能针对所负责的领域提出改善方案吗？他们是理解全局，并且能做出适当妥协的系统思想家吗？他们能否准确判断系统上线的时间？你要清楚，商务设计师是一个需要具有多方面技能的角色，你很少能找到一个不需要其他专家支持的人。这个人是你团队的核心角色，即"主管"。葛文德文章中的脑外科医生就是这样的角色。这一角色将商业项目与技术项目区分开来。因此，要让你的商务设计师具备一些必备技能。

构建人员：这些人是否具备构建（编码、配置）等方面的技术能力？他们是否拥有技术远见？

质量协调员：这些人是否关注细节？他们能制订满足设计人员需求的测试计划吗？这些计划能促成有效的质量检测吗？如果质量有问题，你是否会允许他们延期交货？

完整性检查员：这些人是能够理解项目全局的可用性倡导者吗？在葛文德的文章中，这个人可以避免医生遇到的数据问题。

知识管理员：这些人能否在团队中创造一种学习精神？他们是否会提倡简单而有效的文件？他们能否负责促进整个企业的信息共享？（变革最有价值的成果就是提高了员工对企业的自我认识，了解企业如何运作，以及如何加以改善。）

顾问：你的团队中是否有足够多的经验丰富的成员？如果没有，请考虑邀请更多的顾问加入团队中。他们的作用就是抢占先机，让团队占据优势。当然，问题是多少才算"足够多"。如果你不够放心，请检查他们的从业资格证书。在早期阶段，尽量聘用更多的顾问。随着团队经验不断增长，你可以逐步取消顾问角色。

设定符合实际能力的目标

每个强大的团队都会将经验和学习完美结合，也就是说，如果你试图带领团队取得辉煌成就，超越他们的集体经验，这当然是振奋人心的目标，但注定会让你失望。你需要为团队设定符合实际能力的目标。

我们在这里要破除一个神话——没有任何倡议或方案是完全原创的。你准备去做的很多事情，都已经由别人在某时某地完成了，除非你的提议是一个史无前例的行动。先驱者当然很难寻觅，但越是这样，你就越需要他们来帮助你规避风险。如果你想将一个全新的产品推向市场，那就去聘请一个以前曾经推广过新产品的人。如果你正在制造一个技术风险很高的产品（这意味着你不知道这个项目是否可行），那就去聘请一个以前在基础研究领域工作过的人。

理想情况下，这些经验丰富的人将会成为团队中的优秀老师，他们乐于分享自己的专业知识，并推动团队发展。

如果你的团队中暂时没有这种经验丰富的员工，那么你有以下三种选择方案：

1）寻找合作伙伴来降低当前任务的风险，并指导团队在这些领域中独立发展。

2）全职雇用这些技术人才（如果你希望获得核心竞争力）。

3）大胆尝试，不断试错。

无论如何，第三种选择方案是绝不可能给你带来幸福感的。

伙伴关系决定企业的发展

如果你的团队中没有人知道如何破解谜题，那就坦然承认，然后寻找一个可以做到的人。

总有人会确切地知道如何解决你正在面临的问题，或者有办法帮你更快更经济地找到解决方案。零工经济⊖一直都存在，你可以利用它在自己需要的时候随时随地找到帮手。

随着时代发展，商业领域变得越发复杂。专业人员应运而生，产生了很多在特定技术、变革管理、培训等方面的专家。

你可以寻求他们的帮助，并尝试聘用他们。当你对项目树立信心后，你们就构建了伙伴关系。

> 和那些能够提升你并能激励你成长的人结为挚友。
>
> ——艾伦·韦斯

同样，你的企业的发展由你创建的伙伴关系决定。如果其他机构能比你更快更经济地满足你的需求，你至少应该和他们谈谈。如果你

⊖ 共享经济的一种重要的组成形式，是人力资源的一种新型分配形式，由工作量不多的自由职业者构成的经济领域，利用互联网和移动技术快速匹配供需方。
——译者注

在很长一段时间内都有这样的需求，就应该在他们的帮助下学会解决问题。

建立伙伴关系本身就是一门学问，跨团队协作需要掌握技能。你很清楚，在自己的企业中存在着"各自为政"的独立机制，与合作伙伴合作，就是通过以下方式打破企业中这种独立机制：

- 坦诚对待各方目标。如果你是客户，你的目的只是付款购买商品。如果你是合伙人，在发生纷争时，你都会坚决支持企业。所以，客户一定不会是最支持你的一方。

- 接受最好的建议。你付钱给合伙人以获取最佳建议。如果他们没有告诉你你想听的话，那就暂时忍耐，或者聘用一个永远说"是"的复读机。

- 从行动上表现出你们是同盟伙伴，因为你们本来就是。

语言很重要。供应商本身就意味着与企业建立的是从属合作关系。从另一方面来说，合作伙伴关系意指具有相同动机的伙伴所建立的互相尊重彼此利益的关系。我是你的供应商，那是因为我需要。如果我是你的合作伙伴，那是因为我想要。哪种关系听起来更健康？

"导师"文化

以企业的变革管理为例。就像所有发展中的咨询公司一样，它们面临着在团队中循环补充新鲜血液的挑战。咨询公司要继续向前发展，尤其是那些优秀的咨询公司，这是事实。要建立一个伟大的咨询公司，则必须聘用优秀的员工，尽可能快速有效地培养新员工，确保始终为客户提供最高质量的服务。我们的变革管理公司应对这一挑战的创新方法，是为每一个新员工指派一名导师。这名导师不仅会告诉新员工洗手间在哪里，还会对他们进行入职培训，并教会他们如何应对客户问题。

在当今社会，似乎什么人都能当导师，只要挂上营业招牌就能提供咨询服务。结果自然是优劣参半，而导师的声誉也因此受损。

事实上，导师制度是可以加强团队和个人技能的一个很好的工具。一个优秀的导师在传授专业知识时是"对症下药"而非强行灌输。

导师的作用被严重低估，也未得到应有的重视。

你的企业里有各种各样的专家，他们很可能是通过长期的艰苦磨炼后才掌握了大部分知识。

但我敢跟你打赌，你企业中的很多关键领域里可能只有一名专家。这名专家可能是知道部分源代码的一个姑娘，也可能是一个知道某种产品工作原理的小伙。如果确实如此，那么你就在经营一个"单线"企业。

显然，我们都希望这些核心员工保持身体健康，并且不会被别的企业挖走。由于你的企业面临单一专家的瓶颈，在竞争愈发激烈的今天，你也不会轻易裁减他们。

当然，这些专家们有时会囤积信息，而且很可能不会广为分享，因为他们总是无暇顾及分享他们的知识。

团队是动态变化的，一切事物都在发展变化当中。项目会新旧更替，团队也会经历创建、实现目标，到最后解散的过程。

你可以从建立一个优秀的团队开始，但最终目标远不止于此。一个成功的变革计划会引起轰动。团队成员受到冠军般的拥戴，其他人也会跃跃欲试，想要参加下一个挑战。

你的先锋团队可以一马当先，发展壮大。每个人都可以将他们早期的宝贵经验融入其他计划和团队中。导师技能非常值得大力培养，这是把一支冠军球队转变成一支军事部队的最快方法。

想一想，如果你的专家和先锋队员们都成为优秀的导师，你的企业会实现怎样的提升？这些专家和先锋队员们将会将这些技能传授给愿意倾听学习的员工们，引导他们顺利接替工作，以迎接更为艰巨的挑战。

思考一下，这种导师模式能为你的企业带来什么？

引导技巧

下面是我最喜欢的引导技巧模式：

1）我做，你看；

2）你做，我看；

3）你来做，需要帮助就找我。

你可能一开始会寻求我的帮助，但不会一直这样下去。

你没有意识到的5个变革转折点

那么如何避免变革带来的挑战呢？

我在上文曾提到我研究的5个转折点，下面就分享给大家……

1）整合——策略与技术；

2）深远而简明的目标——价值研讨会；

3）启动——实施方案；

4）决策——掌控全局；

5）结束——实现效益。

整合——策略与技术

本书阐述了企业如何构建技术信任，并以此作为企业发展的平台。

但我并未暗示技术是必备条件。我只是想让你们从其他企业采用先进技术而获得成功的案例中获得启发。我非常希望这样的灵感能让你激发创意并应用到自己的企业中，而且也希望这种灵感能帮助你坚定信心

去实现这些创意。结果只有两种，你要么很
快放弃创意，要么获得成功。

哪种技术能最有效地
促进你的战略成功？

所有这些可以归结为这样的简单问题：

其他企业所实施的哪些工作可以拓宽你的战略视野？如果这些非常
有价值，那么你需要完成哪些工作，才能复制他们的成功呢？

你可以这样思考来解决这个问题："如果这是我的策略，我需要怎
样来执行？"请考虑：

- MITS公司于1975年推出了第一台个人计算机Altair，苹果公司、
  IBM和其他许多公司创造了一个新的产业。
- 1990年第一个互联网搜索引擎阿尔奇（Archile）发布，拉里·佩
  奇（Larry Page）和谢尔盖·布林（Sergey Brin）创建谷歌并在
  1998年稳定了行业地位。
- 第一个社交网络六度空间（Sixdegrees）在1997年推出，扎克伯
  格从中受到启发。

这就引出了一个更好的问题：

如果这些技术已在其他地方应用，那说明某些人已经获得这方面的
成功。那么既然他们能做到，为什么你不能呢？不管它是硅谷，还是
其他众多企业所取得的技术突破，你都会清楚地意识到，某些人曾经取
得的成果也同样会改变你的企业。

如果你也能取得同样的成功呢？

通过将策略与技术相结合，可以基于他人的成果例证为你提供一个
自信的起点。

深远而简明的目标——价值研讨会

你计划实施的变革将成为变革团队中每个成员的工作，你会要求他们超负荷工作——拓展思维、加班加点、随时待命。你可以要求成员遵守，但也需要给他们承诺。让他们充满热情，你才能实现目标。而如果他们不情不愿地参与，你从一开始就会举步维艰。

人们都喜欢令人兴奋的工作，但很多人甚至都没有去尝试。变革应该让人们产生对未知事情的兴奋，而不是恐惧。

所有这些都说明，你需要使用我所说的360度动机⊖。

这意味着你要分享领导目标，为每一个利益相关者争取利益。每个人应该怎样全新地开始？那会怎样改善情况呢？他们的日常工作会轻松些吗？更进一步说，他们是否能够将更多的时间集中在创造性工作上，思考如何更好地为客户服务，并将创意付诸行动？或者，他们可能会转变角色，因为变革带来了发展新技能的机会。你能仔细思考这些问题吗？

价值研讨会的步骤很简单：

1）邀请每一类利益相关者的代表，总共12个人比较合适。尽量邀请到每一位利益相关者。

2）领导层制定全局目标。

3）每个人都创造附加价值，以共同实现此目标。通过个人或分组合作能取得最佳效果。

4）小组迅速审查价值创意。如果不能全部审查，那就投票选出一个初选清单。

这一切都可以在一个小时内完成。参与研讨会的成员最好都在本

⊖ 作者将"360度动机"这一说法用于描述在领导组织时考虑到每个人的利益。
　　——编者注

地，可以快速集合。如果无法做到，也可以进行远程协作。

精确和简明的表述至关重要，会影响创意的形成，应该仔细斟酌措辞。

然后，根据自己的实际需求进行一些工作，比如针对投资回报、成本或效益等方面开展工作。后期你可以进行概念验证、可行性测试等工作。

在一张幻灯片上截取最终价值列表，采用大号字体，并将其放在随处可见的地方，比如电脑桌面、屏幕保护程序、鼠标垫、海报上。这听起来很疯狂吧，但团队从现在到终点之间做出每一个决定时，都会参考这列表。

启动——实施方案

工作节奏就是随时间推移而采取的行动进度。如果将其绘制成图，则很可能如图5-4所示。

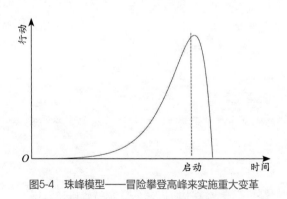

图5-4　珠峰模型——冒险攀登高峰来实施重大变革

任何一个变革计划启动时，最直接的挑战就是跟上计划执行者的工作速度。当你通过摒弃现存的习惯来改变现状时，就相当于在改变邮轮的航向。这是可行的，但需要特别小心。除了这种计划性改变以外，变革工作还需要花费时间来累积动量——珠峰模型（见图5-4）的整个左半部分都是漫长而缓慢的爬坡过程。

一个精心设计的启动计划要从解决习惯着手，团队成员需要回答以下问题：

- 我需要进行哪些变革？
- 是什么阻止我专注于新的优先事项？
- 我可以抛弃哪些旧的优先事项？我现在能停止什么工作？
- 我应该采取怎样最合作方式有效的？

安排好时间，就可以开始变革工作了。团队成员就可以思考以下问题：

- 我们现在能做什么决策？
- 我们如何将工作分解，既能实现分工，又能经常性地和完整地交付所负责的任务？
- 总体计划是什么？我们应如何维护？⊖
- 在接下来的几周里，我们需要取得怎样的成果？
- 谁在做什么工作？
- 我们如何帮助其他团队成员？

下面是我的山丘模型（见图5-5），这也是我推荐你使用"行动进度"曲线图的主要原因。

⊖ 计划是可以明确重要任务、制订风险规避和缓解措施，并且能识别你已知和未知事物的一种理论。我们可以通过渐进式探索，在实践中检验这一理论。如果遇到挫折，发现了错误的假设怎么办？请更新理论，继续前进。

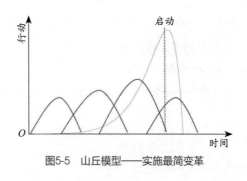

图5-5　山丘模型——实施最简变革

　　在此图中，最重要的改变是将庞大复杂的计划分解成一系列较小的部分。再将这些部分按照风险（首先解决最重要的未知问题）、依赖关系和优先结果排序，这些"小山丘"分散了风险，缩小了各个项目的体积，可以让人们更容易着手和完成这些项目，并且可以在工作过程中交付可用的工作。这样，你就可以避免大型系统上线所带来的风险。

　　关于系列变革的注意事项：当实施变革的企业通过新信息推断出客户需求时，会快速改变前进方向。它们通过小幅度快速调整来实现这一目标。掌握此要点的企业不再把变革看作是一个事件，而更多地看作是潜在的日常行动，并且会本能地做出快速反应。从根本上说，这类企业可能并不会意识到变革。

决策——掌控全局

　　你发现什么了吗？决策是我5个转折点中的第4个，而你直到现在才开始工作。如果你说"兄弟，我们何时出发"，我会原谅你。但你要清楚，在启动助推器之前，你要将乘坐的火箭对准正确的行星，更准确地说，也就是你要到达的那颗行星。与业务战略保持一致（或是扩展业务战略），发掘你所需要的全部价值，并设定一系列日常完成的小目标，都会让你朝着正确的方向前进。

从本质上说，项目的成功实施就是把正确的事情做得足够好。如果你有一支合格的团队，执行起来往往并不是很难，但是要特别注意"做出正确选择"。换句话说，就是在必要时做出正确决策，以避免糟糕的结果和过于繁重的工作量。你只需要做到以下几点：

- 监控重要的结果，以跟踪目标。
- 能识别一些需要深思熟虑的重大决定。
- 能够接受其他工作极低的成功率，以便让项目快速继续。
- 授权正确的人来做决策。
- 花费合理的时间来进行决策和团队沟通。

我将在本书第六章（决策、行动循环）详细阐述上面所述最后一点，而现在，你需要看到在效率和官僚主义之间有一条细微的界线。

你可能已把新的工作安排到每个人的日程表中，但这并不意味着每个人的日常工作都可以暂停。企业仍需经营（除非你的企业规模够大，可以指派一些优秀员工来专职实施变革——请参阅"变革任务"侧专栏），这意味着每个人都必须高效利用时间。

关键要点就是"简单转向法"——让每个人都关心进度，而不用开太多的会议。

关于变革任务

　这是教科书上提及的方法，但这种方法成本太高，只有大型企业才能提供资源加以利用。你想让企业中最好的系统思考者加入变革团队中，但是同时你也需要他们能完成企业的日常事务。

　因为我希望你能建设一个"全能型企业"（我的说法），你需要掌控这种双重性。

　专门部署变革团队并不是最好的模式，当变革整合到业务中时，你会认识到这一点。

请访问本书网，获取有关"简单转向法"的详细介绍。

结束——实现效益

如果你对我们从第4个转折点开始工作感到惊讶，那么接下来我会让你更加吃惊，因为我会告诉你，我们已经到达了项目的终点，也就是第5点。而这是最重要的环节，是整个项目的根本目的。

开始变革是令人兴奋的，而结束变革则是一种解脱。（优秀的企业永远不会停下自己的脚步，但它们会庆祝短期目标的成功实现。）问题是：变革何时结束？

下面是我的简单定义：

> 当目标成果得以实现时，变革结束。

你可以再补充一条：

> 你已准备好去实现下一个重要成果。

实现利益意味系统上线或启动，代表初期阶段的结束。如果你的工作圆满完成，这将成为新的开端。无论哪种方式，一旦工作从实验室（车间、开发环境、画板等任意一种场景）转移到现实世界，你就应采用某种方法来衡量进度。这一过程从通过准备测试之后开始，一直持续到你将成果交付给客户时结束，以实现你的计划。

关键的一点是，你不能在发射火箭后才开始想象它会在火星上着陆。任务控制最重要的工作是在"火箭即将升空"时开始的。

你可以使用以下方法关注任务进程，以获取成功：

- 系统报告的重大缺陷的数量。
- 工具的使用。
- 使用工具完成任务。
- 更多要求。

关键的一点是，从一开始就要采取明确的措施。

想想你的企业已经完成的具有重要意义的项目，并以此为基础来完成"成功之路"的测试（右侧专栏）。

学习型团队是一个自信的团队

本章的所有内容都是关于变革。更具体地说，是阐述如何通过取得商业成就来建立变革的信心。在我们继续探讨之前，我再强调一件事：

> **"成功之路"测试**
>
> 花几分钟想一下你所选择的项目，然后回答以下问题。
>
> 工作是如何朝着战略目标不断发展的？
>
> 项目在开始时的预期价值是多少？你如何确定它是否能成功？
>
> 画出你的行动进度图，对此你有何感想？
>
> 决策的及时性如何影响行动进度曲线？
>
> 你达到成功标准了吗？有没有获得附加成果（价值）？
>
> 当你开始下一个项目时，你会改进哪些方面？

获得共同成就是最好的团队建设实践。

当你组建一个全新的团队时，可以在早期设定一些小的和有价值的挑战。这些挑战可以实现，但需要付出努力。让团队成员合作解决一个困难的问题，或者计划实施一个"活动周"，让大家在一起发挥创意，并要求每个人都要制订一个自己原创的计划。

我们将在本书第九章深入探讨如何创建团队。现在，先列出你的团队成员名单，并且想想今年你需要招募哪些人加入团队来实施变革。

完成了？太棒了。组建好这个团队，你就可以按照计划开展工作了。

构建自信——概括

本章旨在帮助你明确如何针对企业的未来变革做好充分准备。下面我们再来快速回顾一下：

- 秉持勇于尝试的学习心态。
- 认清终点和新的起点，正确应对其间的挑战，还要意识到你一直在变革之中。
- 了解团队的变革速度，并加速前进。
- 尽早识别次级影响。
- 采取小的步骤。
- 选择最适合你需求的变革方式——巨大变革还是系列变革。
- 通过平衡经验、伙伴关系和信心等方面来创建变革团队。
- 思考一下辅导和引导技巧能为你的团队带来什么。
- 关注5个转折点：整合、目标、启动、决策和结束。

> **"指定团队成员"测试**
>
> 成员名单：
>
> 商业赞助商：
>
> 项目负责人：
>
> 项目管理员：
>
> 商务设计师：
>
> 构建人员：
>
> 质量协调员：
>
> 完整度检查员：
>
> 知识管理员：
>
> 写出对应以下职能的人员：
>
> 你的导师是谁？
>
> 谁曾做过这项工作？
>
> 你的合作伙伴是谁？
>
> 你还在顾虑哪些问题？

敏捷响应体现了对变革的信心，是一种通过学习来构建自信的精神。现在开始工作吧！

第六章

§

快速行动，正确行事

> 只有做到一半的时候，你才知道你在做什么工作。
>
> （这也称为"有根据猜测"的艺术和科学）

如今，平板电脑似乎无处不在。

你可以用平板电脑在外卖应用程序上点菜，躺在床上看你最喜欢的电视剧，在团队会议上展示你的调查结果，也很可能正在用它看书。近年来，平板电脑已经成为我们工作和生活中一种不可或缺的设备。

2010年，iPad进入市场，紧跟着安卓平板电脑又加入了激烈的竞争，从而推动了新型平板电脑的蓬勃发展。但在此之前，市场上已经推出过几代平板电脑。Wacom公司在20世纪90年代曾率先投身于专业平板电脑市场。你还记得微软公司试图建立平板电脑平台吗？2002年，这家软件巨头凭借其Windows™标准操作系统，占据了个人计算机硬件行业90%以上的市场份额。微软公司随便吹个口哨都能让硬件厂商一跃而起。

因此，当比尔·盖茨和他的团队决定掀起一场平板电脑革命时，各家业内企业都在其平板电脑发布日蜂拥而至。当时我在Alias公司，我们把握住了这个机会。Alias一直在为汽车设计行业提供一流的高端绘图软件。你爱车的草图很可能是设计师在Wacom平板电脑上用Alias软件绘制成的。

Alias在汽车和工业设计领域占有重要地位，同时也涉足电影特效和游戏产业。你可能用过上百个使用Alias软件设计的产品。任何开车、看电影或玩电脑游戏的人都能从中受益。

但是我们公司在设计领域以外几乎没有什么知名度，微软平板电脑的发布让我们有机会改变这种局面。

比尔·盖茨向个人计算机行业宣布，他会于2002年11月在美国纽约举行的一次重大活动上推出Windows平板电脑。要实现这一目标，他不仅需要硬件，还需要一个能充分利用平板电脑手写功能的创新软件。

这给了我们公司绝佳的机会。如果我们能开发一个平板电脑绘图软件，并且让比尔·盖茨在发布会当天当众展示，那么Alias公司将成为舞台明星。因为比尔·盖茨要向数百万观众进行展示，所以软件绝对不能出现故障。尽管在短短几个月内就要推出一款强大的产品，使我们面临着巨大的挑战，但我们的目标是让Alias这个品牌家喻户晓，就像我们的设计师打造的那些成功产品一样。

于是，我们努力研究并成功开发了Sketchbook[○]。在初期阶段，我们设计了总体思路。而且我们已经具备先进的数字绘图技术，没错，我们曾为另一平台的一个成熟客户提供了类似产品。为了吸引新手或熟练的绘图者，我们需要重新设计用户体验，此外，我们要修改软件，以便将其应用于Windows平板电脑。

但我们当时的知识、能力还远远不够。当我看到软件行业在那几个月里快速发展，每隔一两周就会更新版本，我被深深地触动了。我们招募了很多充满热情的技术绘图者来参与测试，并且总结、记录他们

○ 一款自然的可适用于平板电脑的绘图软件。——译者注

的体验。Alias研究团队会聚了世界上最有才华的用户界面设计师，而Sketchbook正是他们创新创意的用武之地。

这种规模的产品开发显然不可能用传统方法来实现，设计、制造、测试和发布都要花费太长时间。相反，敏捷法可以让团队通过用户反馈、研究，以及与微软平板电脑操作系统团队的密切协作，基于现有知识体系进行构建，并不断学习新知识（作为优质合作伙伴，微软公司在此过程中也从Alias公司这里学到了一些东西）。参考本章主题，我们需要"快速行动"。

承认自己的无知是需要勇气的，毕竟我们都是受聘的专业人士。但是当你设定了远大目标后，就开启了一段独特的旅程——一段基于自己背景的旅程，只能由自己来完成。你的伟大旅程真正始于一个重要步骤，也就是认识到你的企业需要学习哪些内容，并且计划学习。在本章，我们将指导你如何谨慎并且快速地开始行动。

2002年11月7日，比尔·盖茨在纽约推出Sketchbook，这是该平台首款用于平板电脑的具有手写功能的绘图软件。次日，《今日美国》（USA Today）的5000万读者看到了Alias这个名字。这也成为我们企业的一个重要转折点。

回顾过去，我们之所以能够取得成功，很关键的一点就是我们认识到我们当时的知识还远远不够。正因为如此，我们采用了敏捷法开发流程，这种方法能让我们意识到，我们在开发产品过程中知识的匮乏，并且促使我们实施相应的解决方案。

微软公司的平板电脑计划中途搁浅，最终没有成功。直到2012年后，也就是苹果公司的iPad重新统领市场后，微软才推出Surface平板电脑。

随着硬件的发展，Sketchbook也在不断升级，当平板电脑平台复苏后，它继续保持蓬勃的发展态势。现在，Sketchbook Pro软件已被超过4000万人使用。

我便是其中之一。

承认吧——这是你的猜测!

当你参与目标远大的项目时,你可能要做到一半时才知道自己在做什么。

没错!这是我的观点。不管你是否喜欢这句话,请暂时认同我一下吧。

我们总认为自己知道自己在做什么,即使心存疑虑,也会用自信的外衣把它们包裹起来,而不是与他人分享。

在很多人眼中,技术总是存在很多问题,比如无法满足人们的期望、远超预算,或者长期拖延。我们得解决这个问题。本章阐述的实践大多是基于技术驱动型工作的背景发展起来的,但它们可以应用于任何复杂的工作。无论你是否使用技术,不确定性都是一个挑战。

事实上,你在最初可能并不知道如何应对下一个挑战。但随着时间的推移,你会慢慢找到办法。

直面不确定性是获得启迪的第一步(我想我是在什么地方读过这句话)。直面不确定性使我们能够主动去学习所需要的知识。如果我们坚持猜测,直到证明猜测是错误的,那么它将花费我们更长的时间,花费更多的成本,而且我们都将对结果失去信心。

敏捷法的基本创新原则很简单——承认你不知道答案,然后规划你的工作,计划一下你下一步准备学习的知识。这看似简单,但实施起来并不容易。

就像其他秘方一样,敏捷法最好被用于转变思维,而不是追求最终答案。

承认我们并不知道所有的答案,这与传统的商业智慧背道而驰:

"计划"会让人感觉风险小一些。

制订计划意味着在募集资金和实施项目之前经过深思熟虑。这是一种传统的智慧，尤其适用于那些更成熟和可能面临更大损失的企业。但显然，初创企业的模式也同样具有价值，因为这些企业会全天候地努力改进，以与产品、市场（客户）相契合。

如果你一味花钱，当然不会达到平均水平；但如果你不断积累财富，那你就更容易达到平均水平。

我并不是说"世界变化太快"或者"不确定性更多"，而是我认为世界的发展速度总是比我们调整的能力快一点——这点是让人兴奋的。

你会在前期计划（思考阶段）和现场工作调整之间找到合适的平衡点。以下内容将帮助你关注重点工作，让你的团队致力于完成任务，而不管工作速度如何。

眼见为实

我们都喜欢把事情妥善安排。它消除了不确定性，让工作更加清晰，会提高人们的洞察力和行动力，还能激发人们的信心。我们将在下一章讨论技术如何帮助你在企业中做到这一点，而今天的主题是关于如何让工作执行变得更明晰，它包括4个层面：

1）目标：你为什么要这么做？你怎么知道是否实现了目标？

2）计划：你现在的成功理论是什么？会出什么问题，你会怎么应对？

3）进展：工作进展如何？你是如何在每一步验证或调整你的计划的？

4）设计：解决方案是什么样子的？

下面，我们对这几方面进行详述。

有何意义？

"我们选择在这个十年内登月……因为这一目标有助于我们最大限度地组织和衡量我们的能力和技能。"

——约翰·肯尼迪（1962年9月12日）

肯尼迪这篇简明的成果宣言掷地有声。它为美国的登月工作赋予了意义，每一个为之付出的人都能感受到。肯尼迪实现了他的目标。不到7年时间，尼尔·阿姆斯特朗（Neil Armstrong）就向月球迈出了意义非凡的一步。

让我们再回到现实，你是否在考虑承担一项复杂的工作？如果是，那么你需要清楚地说明承担这一工作的3个充分理由。为什么是3个呢？许多项目都很容易让你找到1个理由来参与，而2个理由也可能是巧合，但如果能找到3个理由，那你就会把握最好的机会。

现在就做"3个理由"测试（右侧专栏），看看结果如何。

现在先埋下伏笔，我们稍后再来看结果。

肯尼迪发表的这篇《我们选择登月》演说清晰地表达了他的意思。但是我们经常会陷入烦琐的细节中，这时清晰地表达就会变得更为困难。而正因为如此，清晰地表达才显得尤为重要。

> **"3个理由"测试**
>
> 看看你过去或现在的方案，为什么你选择了这项工作而不是其他工作？你能想出1个、2个或3个原因吗？
>
> 现在想想你正在考虑的一些新投资。列出两三个投资计划，然后每一个都想出3个理由。
>
> 现在，你的决策变得更明确了吗？

请再说一遍

清晰表达将成为你的最佳投资，而沟通不畅则是致命杀手。幸运的是，它们两个是天生的一对。

下面分享一个真实故事。我的一个朋友被要求订一张飞往美国奥克兰（Oakland）的机票去参加一个紧急会议。他尽责地给旅行社打了电话，买了票，结果登上了去新西兰奥克兰（Auckland）的航班。这次旅程多飞了14个小时。你看，我朋友口音很重，当他说Oakland的时候，工作人员听成了Auckland。结果他错过了会议。

我也经历过这样的事情。有一次，一个供应商给我的客户展示了一个重要的交付产品。供应商忐忑不安，但又为自己所做的工作感到骄傲。当我们观看演示时，我注意到我客户的表情从兴奋地期待，到困惑不解，再到不断皱眉。

客户的反应看上去并不理想。"你看起来有些不舒服。"我小声对她说。

"没错，"她答道，然后指着那个演示作品说："这不是我想要的。"

我们经常能看到沟通不畅产生的后果——费时又费力。不仅执行起来痛苦不堪，解决问题也是代价高昂。

这种问题是很容易避免的。

在生活中，模棱两可的表达会产生各种误解。尽管你说的我都能听见，但是你是否清晰表达了自己的意思呢？我是否能完全理解，并且有机会质疑你的方法和完善最终结果呢？

我所知道的弥合沟通差距的最好方法是提出一个简单的要求：

请再说一遍。

在企业中，我们经常被要求解决复杂的难题。遗憾的是，团队可能过早地去深入研究细节。在目标被明确分享和复述之前，采取这样的行动为时过早。有时目标会迷失在细节中，有时目标根本没有完整设定和清晰交流（即发送和接收）。

同时，我们必须清楚哪些是棘手的目标（必须实现的目标，为什么），哪些是可操控的目标（如何实现）。我建议：

1）对我们正在努力实现的目标进行简短描述，阐述一个简单的、可衡量的结果，团队中的任何人都能记住（这不是一个功能列表）。

2）制订一份我们认为用于实现目标的步骤清单，一份针对我们所用方法的测试计划，以及一份在我们学习过程中进行调整的准备文件。

每个人在工作过程中所做的每一个决策都应以此目标为基础，知道自己应该做什么决策才能最好地服务于这个目标。如果他们能记住这个目标，就能应用它；如果出现任何混淆或误解，那么最好的决定将被忽略。

虽然你的目标是公开宣布的，但不应该有过多的限制规定。可以把目标分解为一些基本的成果，为团队的解决方案留下创造性的空间（如表6-1）。

表6-1　好的目标和坏的目标

好的目标	坏的目标
减少25%的普通客服电话，同时增加10%的客户满意度	通过照本宣科来减少电话时间。在挂断电话前，检查客户的净推荐值⊖
用户使用我们的软件可以多完成20%的工作，同时不会增加他们在系统中的活跃时间	增加现有用户20%的产品使用率。增加我们上季度讨论的3个新功能
次年，在不降低利润的前提下，增加35%的营业收入	只管去做就是了

⊖ 又称净促进者得分，亦可称口碑，是一种计量某个客户将会向其他人推荐某企业或服务的可能性的指数。——译者注

> **“清晰度”测试**
>
> 请回顾一下以前的计划，思考以下问题：
>
> 初始目标是否简单？这些目标是否从一开始就定义清楚？你的团队是否完全接受这些目标？他们能否复述出这些目标？在计划执行过程中，他们是否基于这些目标来做出每一项决策？还是随着工作的推进，这些目标被大家逐渐遗忘？
>
> 现在把这些同样的问题应用到当前或未来的计划中，看看你会改变什么。

在技术领域，“再说一遍”可以让各方都达成共识。这可能意味着一份合同，或者一个详细的规范，或者（通常是最好的）一个可以触摸、感知和完善到最佳的演进原型。细节越复杂，团队就越不可能领会和记忆，并根据既定目标做出每一个决策。除此之外，其他事情都是在浪费时间。

把时间花在澄清目标上会节省下游10倍的时间。

请参与“清晰度”测试来检验（右侧专栏）。

有许多可以简单而全面地描述结果的方法。我建议你和你的团队一起编制一份敏捷愿景模板。这种方法既能让你重视所写的内容，同时还关注被忽略的内容（见图6-1）。

这个方法有什么好处呢？它回答了以下问题：“它为哪些人服务？”“为什么这些人需要它？”“它是什么？”“它与其他方法有何不同？”我们

目标：目标客户
谁：需求
名称：产品名称
内容：产品类别
结果：产品收益、购买理由
不同于：竞争者
我们的产品：差异化优势或价值主张

图6-1　敏捷愿景模板

可以把这些问题的答案列在一张纸上。想必大家挑不出什么毛病吧？

难道你不能想象一下与你的团队一起制订这个愿景声明，与你招募的所有贡献者分享它，听他们背诵它，并问他们在做出每一个决策时，是否考虑"此决策对目标有何贡献"吗？

我们再回到Sketchbook的故事，这里是Alias公司最初制订的敏捷愿景。首先是产品定义：

目标：主要是绘图专业人员，其次是视觉沟通者。
谁：需要通过高质量绘图研究并提出创意和设计方案的人们。
名称：某某应用程序（Sketchbook Pro最初版本的名字）。
内容：简洁、优雅和创新的软件产品，对质量的要求毫不妥协。
结果：将平板电脑或其他手写电脑转变为数字绘图电脑。

然后是一些有竞争力的声明：

不同于：实体的纸和笔。
我们的产品：可以让用户快速选用笔刷，撤销、重做、操控图层，对比和展示数字图样和带注释的图片。

不同于：作为生产工艺工具的绘图解决方案。
我们的产品：是一种可以即时访问的轻量型应用程序，提供高速和高效的绘图、注释和展示视觉概念的基本工具，同时保证创造性工作流程。

不同于：演示文稿和一些线性展示应用程序。
我们的产品：可以让用户创建和传递动态的非线性的展示程序，无缝切换图片浏览、对比、注释和绘制，以促进视觉讨论和决策制定。

不同于：印刷应用产品。
我们的产品：提供高质量和快速响应的艺术工具，用数字图像简化工作流程。

然后我们以此愿景为基础，来构建商业目标和工程目标及设计原则。商业目标规定了战略参数，工程目标和设计原则规定了实施标准。

商业目标

进入更广阔的市场：让Alias公司在更大的图形和商业市场中占据份额。

品牌扩张：让几十万用户接触Alias公司的产品。

创新：改变人们处理图像的方式。

知识产权：为受保护的知识产权创造机会。

全新合作伙伴关系：成功地与一批新的硬件和软件行业领导者合作。

集成产品系列：打造一个基于手写输入功能的Sketchbook产品线，该产品线与整个Alias系列产品无缝衔接。

整合品牌体验：在所有客户接触点（营销、网络、零售、合作伙伴、应用程序和服务支持）营造定义明确、沟通良好和令人满意的客户体验。

工程目标

技术优势：全面承诺高质量。

优化：最快的速度和最小的代码体积。

稳定：对真正的缺陷零容忍。

可重复使用：代码可以在Alias产品线中使用。

专注：只做必要的事。

设计原则

促进流程：设计一个不干扰用户艺术体验的界面。

完美支持手写笔：充分发挥手写笔的优点，并最大限度地减少手写笔的问题。

创新：设计一个创新型用户界面（大家都想如法炮制，但因为专利保护而作罢）。

最大化工作区域：避免让用户界面受到杂乱的窗口影响。

性能：启动迅速，执行灵敏。

自我揭示：易于理解。用户可以通过研究来了解其功能。

参与度：用户乐意使用。

优雅简约：设计大多数用户最常用的功能，而不是刻意增加功能。

极高的美感：紧密衔接、连贯一致、令人愉悦的视觉效果。Alias新产品系列的重要特质。

最后一点，也是最为重要的一点是：制定路线图策略，以便确定后续工作内容和阐明我在上文中解释Alias公司最初制订的敏捷愿景时并未提及的内容……

版本更新

绘图：添加图形专业人员完成概念性艺术作品所需的核心功能，比如自定义画笔、自定义颜色、图层和选择工具、热键和用户界面增强。

工作簿：添加一些支持单用户绘图组织和展示的基本功能，比如缩略图查看、草图和工作簿视图之间的无缝切换、智能图像比较和最大化屏幕面积。

展示：支持一个或多个草图的流体线性和非线性展示，以促进视觉讨论。

重点：减少对商业用户的重视，把重点放在艺术家和视觉传播者身上。

诚然，要总结概括这一定义要费不少工夫，但是对于某些重要结论的简明概括，会使你的听众易于理解和接受。虽然我们已经让大家充分理解了某些要点，但仍需要把它们写在一张纸上，挂在墙上，或者放到电脑桌面上。

这个技巧能帮助你清晰而简洁地定义下一个主要计划吗？

能？那太棒了。

不能？那请你查阅更多示例和技巧，以便明确理解。

归根结底，不论你使用何种技术，只要达到目的即可。

> 不论是人还是鼠，即使最周密的计划，也往往会落空。
>
> ——拉比·彭斯（Rabbie Burns）

由此，我认为彭斯会同意我的观点，即计划可能会走入歧途。你的任何计划归根结底只是理论，是对事情发展的预期判断。人们的初衷是根据曾经做过这类事情的人的一些可靠思考和经验来创建计划。但我敢保证，任何计划都不会完全按照最初的预测那样发展。

请允许我再补充一句老生常谈的话：

> 乐观的计划往往会令人失望，并贻误商机。

我反对乐观主义。你本以为我是个乐观的人，对吗？但我同时还说过，你应该根据机会而不是问题来制订计划。

但很多人对自己能够完成的工作会本能地保持乐观，这是有害的，我希望你能规避这种伤害。下面我具体阐述一下。

设定正确的期望目标是通往成功的第一步，也是最重要的一步。

过度乐观将会严重影响你进行最佳投资，把控准确的时间进度，和交付预期的成果。因为评估是制订计划和设定预期目标的基础，需要进行认真研究。

我曾经帮助过两个不同的客户完成了一些项目。一个是我作为观察员被邀请参加的回顾会议，另一个是我领导的一个项目启动会议。这些项目非常相似，通过比较它们的结果，我收获颇丰。

在回顾会议的案例中，项目完成时间比预定时间多了50%。尽管为了完成项目，我们已经做出了妥协，也走了一些捷径，但项目还是被拖延了。

团队中弥漫着失望的情绪。在听完关于成果的圆桌讨论后，我要求团队成员描述他们的项目启动过程。结果证明，赞助商花了4个小时准备商业案例和工期估算，并最终估算工期为6个月。

然而预定的6个月工期被延长到了9个月，显而易见，在这段超限时间内，大家的压力陡增。

我们再来看新项目启动会议的案例。当时，我们召集了利益相关者和贡献者共8人，召开为期两天的会议。在此期间，我们明确了项目目标，并做出了27项关键决策。我们测试了使用案例，列出了必要的结果，降低了风险，并制订了实现利益的计划。团队对于实现计划充满信心。

1年后，我们也组织了一次回顾会议。尽管市场环境出现一些波动，但团队还是按照工期完成了任务，实现的收益比预期的要高出15%。

以下是我从这两次经历中得到的一些启示：

1）准确的项目估算会提升期望设定，让团队取得成功。

2）成功的规划需要营造一个能促进团队坦诚相待和妥善准备的环境。

3）在项目的初始阶段，经验是最重要的；人们可以根据经验，提出正确的问题，检查要做的工作，挑战总结，降低风险。

4）把工作划分成更小的部分是消除不确定性的最好方法。

5）认识到风险，并制定缓解战略来应对风险。

6）列出假设情况，并在项目期间根据情况进行调整。

7）事物是不断变化的。

8）如果你当前的项目与以前完成的项目类似，那么你就可以采用以前的项目为基准，借鉴经验教训，然后研究本次项目与以前项目的不同之处，修改以前的计划以适应新项目。

9）如果当前的项目与以前完成的项目不同，那么评估工作就会较难。你需要和曾经参与完成项目的人员进行交流。如果他们有能力快速将他们的经验应用到你的项目，那就让他们加入团队，即使只是以顾问的身份。

10）好的估算可以将成本、工作量和工期控制在15%的误差范围之内。你应该根据上限制订计划，并在预计范围内完成项目。

11）要经常进行回顾分析，无论结果是好是坏。

简而言之，这样的企业会经营得更好，不会出现糟糕的意外事件，企业前途也将更加光明，并会获得满意的结果。

揭露幻想计划

你如何确保从实际出发进行工作？在制订计划时，请你回答以下3个问题：

1）现在的成功理论是什么？

2）现在有哪些"未知情况"？

3）要如何处理这些问题？

很遗憾，许多计划止步于第一个问题。这是关于你的项目如何进展的问题，除非出现一些不可预见的事情。如果遇到这种意外事件，你就会半途而废。

如果你不花时间去认真估算，那就很可能会遇到一些意外事件。

让我们先来描述你目前的成功理论。"已知情况"指的是我们可以轻松预测出的情况，你可以基于证据和经验来判断这些结果。在评估已知情况时，请考虑以下问题：

● 你知道哪些情况是真实的吗？

● 你对工作的哪些部分有信心？

我们来回顾一下本书第五章，第一项工作就是让你的团队获得正确的经验⊖。此类工作以前由谁负责？当前的情况与以前相比有何不同？你已经掌握足够的知识来关联到相关的任务，并估算工作量。实施计划的第一步就是观察图6-2。

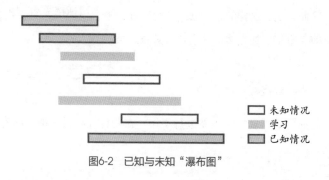

图6-2 已知与未知"瀑布图"

下一步是针对不确定性制订计划，即如何应对这些缺失的环节。我们要清楚，团队要完成的任何新工作都会存在不确定性。如果大家以前从来没有做过这项工作，那怎么能确切地知道需要做什么呢？有几种减少这种不确定性的策略，但无论是哪种策略，制订计划都是必不可少的环节。

⊖ 参见本书第122页，"平衡经验"（Balancing Experience）。

你可以通过向以前做过这件事的人寻求指导来处理一些缺失的环节，或者邀请他们加入你的团队。

好，我们上面讲述了已知情况，接下来我们来看未知情况。其中有些是我们已经明确的未知情况，而更棘手的是，还有很多我们完全陌生的未知情况。我们可以通过以下问题来加以解决：

1）哪些"已知情况"是有风险的，这些风险到底是什么？

2）如果你曾经做过类似工作，那么与本次工作有何不同？我们应该在哪些方面谨慎行事？

3）我们需要学习什么？

你无法避免项目过程中出现的不确定性，但可以加以识别。将这些"已知情况"和"未知情况"以可视化图形来显示，可以让你保持清醒，专注于学习所需要的知识，并做出最佳决策。

下面让我们来试试。首先，选择一个重要的计划，列出它的组成要素——我们称之为"建筑砖块"。其次，把每个砖块的名字写到便利贴上。再次，在你的办公室找一面大墙，在墙面中间画上两条竖直的黑线（如果你不想弄脏墙面，可以贴上两条胶带纸）。在这两条线的右边，贴上你已充分理解内容的便利贴，也就是你已经成功实现，或者你觉得很轻松就能实现的事情；最后把其他的便利贴贴到这两条线的左边（见图6-3）。

从现在开始到工作结束，你的任务很简单：将最左边的每个"未知情况"便利贴移到最右边，或者把它们扔到回收站。你可以挑选一两个最迫切的未知情况便利贴，将它们移动到两条线之间（也就是你的"主动学习空间"），然后，要通过学习来弄清楚，再将它们移动到右侧的已知情况区域（见图6-4）。

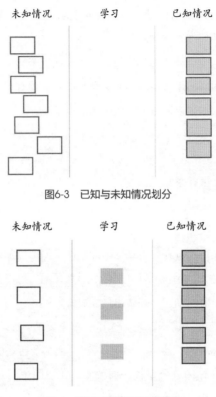

图6-3　已知与未知情况划分

图6-4　让学习进度保持可视化

你觉得这个过程怎么样?

1)具有创造性?

2)具有破坏性?

如果你的回答是具有破坏性,那我告诉你,这就是世界上具有创造力的企业在过去20年里的运作方式,艾迪欧(IDEO)、谷歌及其他公司已经用便利贴为一代人解决了问题,甚至包括敏捷法、站立会议之类的概念。我说了这么多就是想证明事情就是这样做的。用便利贴没错。

将这些难题以可视化的形式呈现，可以帮助你认清环境，也可以帮助团队看到应该关注哪些地方。

企业更喜欢线性流程，它们感觉这样更有秩序，在前进时不容易迷失方向。但是如果你把创新工作当作一个线性流程来对待，就会陷入瓶颈，忽略关联，迷失方向。相反，如果你能理解企业与创新的依赖关系，并重点关注后续的一些小步骤，你将更加顺利地前行。

瀑布法还是敏捷法？

我们现在来看一个辩题（至少存在于技术领域），我们到底应该用瀑布法（预先计划好的一系列步骤）还是敏捷法（明确的并且不断发展的学习途径）来进行这项工作？

我的答案可能会让你吃惊，但首先我要介绍一下背景。

曾经有一段时间，构建计算机系统需要5年或10年的时间。其中一个原因是硬件比软件更先进，但最主要的原因是软件开发实践是以建筑业为模型的。首先，你需要一个建筑草图，接着是一个建造许可，一个详细的蓝图，然后才是漫长的构建阶段。其次，你还需要进行某种形式的测试（以确保建筑物安全可靠或软件正常运行），并且修复解决缺陷列表上的重要项目。

这似乎说得通。下面，我们来看看弗雷德里克·P.布鲁克斯（Frederick P. Brooks）的案例。

布鲁克斯领导了IBM系统、360硬件和操作系统（为期5年）的重点开发项目。当他离开公司时，IBM的创始人托马斯·沃森（Thomas Watson）曾问他为什么软件项目比硬件更难做。他后来在《人月神话》（*The Mythical Man-Month*）中分享了他的观点。市面上经典的软件开发书籍并不多，这本书就是其中之一。布鲁克斯在书中阐述了如何让小型团队掌握跨学科技能的方法。大约25年后，在新千年到来之际，敏捷运动兴起。显然，创始人曾读过布鲁克斯的著作。

在此期间的几十年里发生了哪些事情呢？软件开发的实践已经成熟，它从最初的军事、科学和银行业发展到现在［尽管必须承认，花旗集团（Citigroup）⊖的开发人员仍然比微软多］，并且逐渐成为商业领域的主流应用。

在敏捷宣言之后的几年里，世界再次发生了变化。智能手机引领了新一轮消费科技浪潮，硬件价格逐步降低，并且可以提供租赁服务。这意味着你无须资本支出即可启动软件业务。消费市场推动了对数十亿个应用的需求，其中有几个非常实用。"开放源码"运动使得软件组件变得容易获得。

所有这些都意味着构建软件变得非常容易。旧的构建范式不再适用，敏捷模型可以让开发人员轻松避开相关的官僚制度。

事态发展就像钟摆一样不停地左右摆动。突然间，你会发现，如果自己不能使用敏捷法，就会逐渐落伍。还记得那些苹果公司的广告吗？那个苹果公司的年轻时髦的小伙与微软公司的古怪老人的聊天。如果以此为例，那么敏捷法就是那个年轻时髦的小伙，而瀑布法则是那个古怪的老人。

事态发展令人兴奋。你只需要开发软件，就能实现目的。

而负责开发软件的团队并未按照预定的时间开始制作软件。如果你经营一家初创企业，意外地延迟意味着将消耗更多的资金。如果你经营一家利润颇丰的企业，那么你的利润也将会遭受重创。你将很难获得好的结果。

敏捷法似乎很难应用于商业系统领域。几十年来，大型项目一直都

⊖ 世界知名的金融服务公司。——译者注

采用瀑布法。系统供应商正在努力适应更快实施项目的需求，而很多供应商尚未完成转型。

那我们现在应该何去何从？业界已经认识到（按照敏捷法的最佳实践），两种极端，也就是敏捷法或瀑布法，都不是最佳选择，应该根据具体情况来选择最有效的方法。

这里所说的具体情况是指：你的企业、客户需求、企业文化、团队对各种方法的适应程度，以及你正在进行的项目的特定需求。

如果你感觉上述内容有些复杂，那么请在以下条目中做出选择，以确定你的下一个项目在"敏捷法—瀑布法"图中的所处位置（见图6-5）：

1）你很清楚知道自己需要什么，并且可以在启动会议上列出详细内容。

2）你的企业文化与瀑布法相适应。

3）你喜欢可预见性，并愿意为之支付额外费用。

4）你正在重复实施以前完成的工作，并且确信你的实施方案这次会再次奏效。

5）你制定了一个简明的关键目标清单，而且并不在意如何实现这些目标。

6）你有一个非常擅长敏捷法的团队。

7）你正在为客户解决一个问题，而目前仍未找到最佳解决方案。

如果你发现自己更符合第1、第2和（或）第3条的表述，那么就更应该选择瀑布法。如果你发现自己更赞同第5、第6和（或）第7条，那么就更有可能使用敏捷法取得成功。你可能会注意到，不确定的程度随着数字的增加而增加（见图6-6）。这不是巧合。

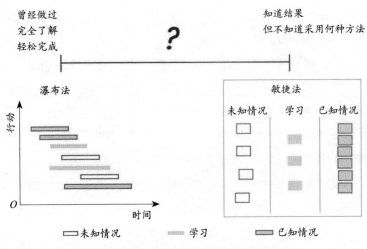

图6-5　通过研究"敏捷法—瀑布法"图来平衡知识

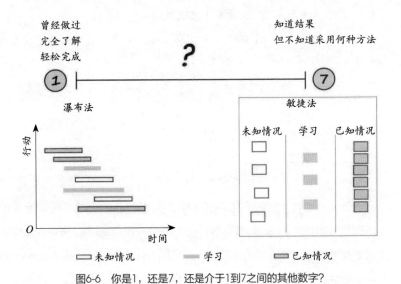

图6-6　你是1，还是7，还是介于1到7之间的其他数字？

你想知道我对于瀑布法—敏捷法之争的解决方案吗？很简单，对你已知的情况进行计划，给未知情况留出学习的空间。

- 如果你能制订计划并采取行动，这是瀑布法。
- 如果你知道问题所在，但找不到解决方案，那就确定下一步需要学习的内容，并用敏捷法快速学习。

当你将计划组合在一起时，它们看起来就像图6-7这样。让我们称之为瀑布敏捷法（Wagile）。

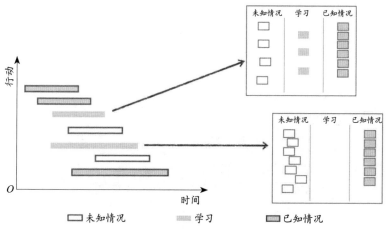

图6-7 把你的已知情况和必须学习的内容（板）结合起来

每张地图都需要罗盘

如果计划（理论）为你提供了地图，那么可视化进程跟踪就相当于你的罗盘。

它显示了你当前的坐标、在进程中的位置，以及需要修正航向的位置。你是否能取得成功取决于你是否能快速修正航线，当你的预定计划并未实现时，你是否能迅速做出决策，并且采取正确的措施呢？

你的罗盘简明地列出了工作中的大部分内容，并强调了以下三件事：

1）健康声明：

- 极佳——我们状态良好。我们今天不花太多时间讨论这个。
- 存疑——状态下滑。这里有一个恢复健康的计划，没问题吧？
- 危险——有可能影响整个项目。全体紧急集合。

2）简要介绍自上一个关键点以来所做的工作。

3）根据今天的已知情况来简要说明你的后续工作。

　　你的关键点可以是每天的站立会议、每两周的指导会议，或者每季度的董事会会议。图6-8适用于所有格式，适合放在你的重要位置。

　　"眼见为实"就是向每一个贡献者和利益相关者告知工作的关键要素，即目标、实现目标的路径、设计发展、当前定位和后续措施。有很多工具可以帮助你做到这一点，比如白板、软件，甚至餐巾纸。这项工作很容易完成。

　　你所需要做的就是致力于实践过程，然后你只需要做很少的必要工作，就能实现这个明确的目标。

图6-8　简单的导向面板

最简变革

项目管理软件Basecamp是软件行业的典范。这并不是因为该软件唯一的外部投资者是杰夫·贝索斯，也不是因为其精彩的代码。Basecamp之所以从众多管理软件脱颖而出，是因为它为1000万个客户提供了复杂问题的解决方案（该软件的编写者是一些有趣且固执己见的人，我收集了一些参考资料，建议你去看看）。

> 硅谷现在特别擅长将软件这个有史以来利润率最高的产品转变为许多业绩最差的企业。这个新行业的领导者们已经损失了惊人的巨额资金，只有极少数幸免于难。
>
> ——杰森·弗里德（Jason Fried），Basecamp（原37Signals）创始人兼首席执行官

该软件因其工作方式而与本主题密切相关。它是基于6周日历、思考时间和有效（注：少量）会议来建立业务的。

最简变革理论是指在不影响质量和设计思想的前提下，尽量用最少的工作来实现目标。你要将一个可行的解决方案转变为一个渐进式的问题，然后重新思考后续步骤。为了进一步说明这一点，让我们重新来看看完成工作的方法。

"5 个为什么"和"3 个理由"

还记得吗？我的观点是"做任何事都要找3个理由"，这样你就会得到一个筛选过的名单。回想本章开篇那个故事。我们创建Sketchbook的3个理由：

1）在新市场推出产品。

2）开始行动，进行大量宣传。

3）巩固我们与微软公司的合作关系。

我们并未深入考虑投资回报率，有这3个理由就足够了。Sketchbook现在的用户数量已达到4000万。

一旦你决定要做什么，就会产生很多不同的方法。还有另一句名言，出自20世纪30年代的日本初创企业丰田，"要一直问为什么"。他们说，如果你问5次"为什么"，你不仅像个好奇的5岁小孩，还会找到完成工作的真正原因。

当你观察到症状所在后，就会寻找和分析根本原因来解决这些问题。"5个为什么"的方法，提供了一种强大的分析根本原因的技术，确保你能正确地解决问题。

继续我们简明而直接的"5个为什么"的主题：

为什么我们被传真淹没？
因为我们要求客户用传真发送文件。

为什么要他们这么做？
因为我们的员工需要将数据输入系统中。

为什么这会成为问题？
因为我们没有足够的员工来处理峰值负载的信息。

他们为什么要这么做？
因为他们没有其他方法来输入数据。

为什么没有？
因为我们没有给客户一个在线申请的途径。

如果你愿意的话，现在就练习一下。挑一个让你的企业感到困扰的问题，在"5个为什么"测试中写出核心症状，然后一直继续，直到找到根本原因。

当然，"5个为什么"只是一种指南而不是规则。如果你在第三条之前停下来，就会错过重点。如果你超过八条，那就需要重置。

"5个为什么"只需花费你5分钟，就可以为你节约几个小时、几个星期，甚至几个月的时间来解决问题。你还能从哪里获得这种时间回报呢？

撕碎它，重新开始

你的设计体现了你对作品的理解，它们将最终转变为你所追求的成果。在你看到初稿之前，很难想象解决方案会是什么样子，因此你要建立原型。

"5个为什么"测试

为什么（会出现观察到的问题）？

因为 _____

为什么 _____

_____

为什么 _____

_____

为什么 _____

_____

为什么 _____

_____

你可以通过读、问、听来学习，但最重要的环节是实践。如果我有一个好主意，我可以跟你阐述，你也许会明白，但是如果我把它展示给你看，你肯定会更清楚我的意思，我们将会做出更好的决策。

原型的优势在于其能体现本质而且十分逼真。我们根据经验来不断地完善草图、纸板模型、html模型或一次性代码。目标就是在有限的时间范围内最大限度地实现真实性（见图6-9）。

不要认为抛弃就是浪费。如果你思路正确，就只会抛弃无知。设定方向，建立原型，再判断是好是坏。想想你可以通过避免错误的方向节省多少时间。你可以根据情况，将10%的项目预算分配给构建原型，以便于更好地做出决策。如果你正在大刀阔斧地开辟新市场，那就把这个比例提高到25%。

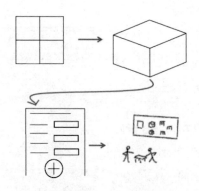

图6-9 使用各种工具来发展你的原型

看一看表6-2中的数字，它们代表了你的创新和创造输出的过程及用时。在创新过程中，你会在反复试错中来找到答案。你更愿意在此过程的哪个阶段出错呢？

表6-2 创新和创造输出的过程及用时

	草图	模型	试用	最终产品
创新	50分钟	2天	10天	20天
创造	10分钟	4天	50天	250天
沉没成本	60分钟	6天	60天	270天

行动、时间——小心！

你还记得第五章的行动进度图吗？首先是比较激进的珠峰模型（见图6-10）。

山丘模型则是另一种选择方案（见图6-11）。

以下是让你更喜欢山丘模型的3个理由：

1）你可以不断看到各部分工作所取得的成果。

2）你可以边工作边学习，随时修正进程中的错误。

3）不会像大型变革那样累积风险，留出纠错空间。

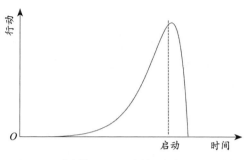

图6-10　珠峰模型——冒险攀登来实施重大变革

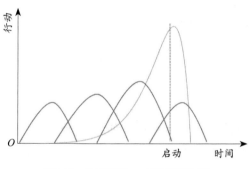

图6-11　山丘模型——实施最简变革

你会选择哪种方式来实现目标？是依靠大型变革一蹴而就，还是一系列小型变革的成果（最简变革）？

估算的艺术

大型建设项目往往都会比预定工期晚1年交付，而且预算超30%。在许多大型工业项目中，各种复杂因素阻碍生产顺利进行，并且拖延工期。

技术方面的统计数据不太清楚，但估计

计划没什么用，但计划的过程却不可或缺。
——德怀特·D.艾森豪威尔

也不会好到哪里去。主要原因可能是交付缓慢，但更可能的是，乐观或不成熟的计划导致估算不足，你的期望值很高，但是期望设定却很糟糕。

因为每一个计划都是一种预测，事情不会真的那么发展下去。但这不应成为你忽视准备工作的理由。

杠杆三角形

在计划每一项工作时，你可以用以下3个杠杆来操控：

1）范围：完成工作所需的工作量。

2）时间：开始日期和结束日期之间的天数。

3）资源：你的团队可以实施的工作和其他预算项目。

如果你扩大范围，你就需要更多的时间或更多的资源，或者两者兼而有之。如果你缩小范围，则相反。你可能早就知道这些简单的原理，但在深入研究估算的艺术之前值得对此重申。

预测未来的挑战

"如果你不敢冒险，并且承诺某个日期，就很难认清复杂的变化。如果没有参与几个月的工作，你就很难给出预算数字。"

很可能你已经多次听过或者感受到这种感慨，我也有过，而且确实如此。每一个计划都是理论，在我看来，我们都没有能预知未来的水晶球。如果你正在开始一项对世界或团队来说是新鲜的具有挑战性的工作，你不可能知道它未来将如何发展。如果你必须要冒着名誉损失的风险，并且承诺完成日期，你就会努力避免损失，直到有充分的把握才会继续后续工作。

事实上，你永远都不会得到充分的把握。每当你以为自己准备周全时，一些意外事件可能会突然出现，并把你带向一个陌生而无尽的新道路上。

你肯定更愿意继续工作，看看会发生什么，对吧？还是给出一个极度悲观的数字，冒着极低投资回报率的风险，在启动会议之前扼杀项目？还是不管三七二十一，凭空想象一个数字，自信地展示出来，然后惊险刺激地将这场旅程推向不可避免的失败？

你觉得这些选择方案会对你有益吗？

我认为不会，所以让我们来试试别的。

为什么要预测呢？

无论你是积极支持一项新计划，还是乐于承担一项具有挑战性的工作，从任务开始到结束都非常容易。但这样你就有可能错过要点。你为什么要这么做？背景是什么？在你的工作之前的计划链是什么？哪些下游工作依赖于你的交付？

千万不要忽视根本的出发点。

你所做的一切都是你对世界的贡献。这适用于工作、家庭、社群，乃至所有领域。其中最后3个超出了本书的范围，但第一个是本书讨论的重点。

如果有人要求你（或你要求别人）提高你的供应链效率，为客户提供更好的沟通渠道，或者把你的产品性能提高75%，那是因为他们需要这样做。那些人现在是你的利益相关者，他们的成功依赖于你的成功，只需要知道你什么时候能交付任务。这样，他们就可以将结果纳入自己的销售计划、交货计划或其他计划中（见图6-12）。

图6-12　你的工作是拼图的一部分

客户相信你能交付，就给他们提供一个合理的交付日期，如果事情发生变化，能够随时通知他们。你能为他们的成功做出贡献，对此他们感到非常高兴。这对你来说也是一种荣幸（见图6-13）。

建立信任的最好方法，就是分享你在估算中遇到的挑战或难题。不要去抱怨，而要以客观的方式来表述，"这是我们的理论，这些是可能出现的问题，这些是你帮助我们的途径"，诸如此类。

这是我们的理论……

这些是可能出现的问题……

这些是你帮助我们的途径……

让你的利益相关者来做出回应。

同样，你也会依赖于上游工作的交付。你需要从那些向你交付工作的人那里得到同样问题的回答。如果你没有得到这些回答，在你制订计划的时候，要去询问他们同样的问题。

在一个完美的世界里，我们有一个很长的令人愉快的活动链，团队之间能及时沟通变革的影响。蝴蝶效应会让大家很快感受到其影响。

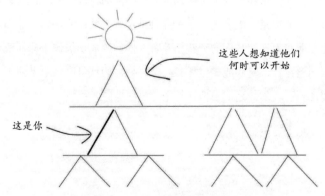

图6-13　没有压力，但人们需要知道你什么时候能够完成

好吧，这种想法有些疯狂。但如果你能把你的估算和与利益相关者的沟通效率提高20%，我保证你的业务会有显著改善（你可以随心所欲地将这些原则应用于家庭、社群和各个领域，但你也要明白，我不敢保证它们适用于所有地方）。

如果这很容易做到，那么每个人都会有一个水晶球

在没有能预知未来的水晶球的情况下，你要想提高20%的估算成效，最好的办法就是放松心情、避免追求完美、仔细思考，并且与利益相关者简单分享你的逻辑理论。

通常情况下（至少90%的时间），清晰的表达和有效的沟通可以解决大量的问题。

你也许和我一样，是一个逐渐恢复理智的完美主义者。多年来，你一直在追求更高的准确性，但现在却意识到这是多么愚蠢。二八法则在这里肯定适用。请你从根本上思考一下，回答上面的估算问题，接受一些符合你情况的答案，并与利益相关者一起设定切合实际的期望目标。设定不切实际的计划的后果见图6-14，为避免这些后果，计划要设定得切合实际。

图6-14 不切实际的计划的后果

项目管理的五大误区

我曾接触过500多个项目，其中很多项目都亲自参与，这些项目几乎都脱离了正常轨道。在这种情况下，团队中最可能惊慌失措的，除了投资人以外就是项目经理。他肩负重担，其工作就像是在快要沉没的泰坦尼克号上摆好躺椅。

项目经理在企业中是一个至关重要的角色。要做好项目管理这项工作，他需要具备坚强的意志、强大的组织能力、同理心和力求明晰的精神。即便某个人具备这些条件，也并不意味着他为获取成功做好充分的准备。

让我介绍一下人们对项目经理这个角色理解的五大误区，及一个有关如何向项目经理授权的小提示。

项目经理是"管理者"

传统意义上的管理者有权命令属下完成工作。我们这里所说的"管理者"，是指那些能够激励员工完成工作的人。虽然项目经理有可能通过人格魅力和影响力成为领导者，但他们很少是管理者。大多数项目的团队成员除了日常工作外，往往还承担其他工作，因此项目经理也往往未经任命就被安排到一个负责人岗位。

授权提示：支持你的项目经理与团队成员的直属上级进行谈判。

你可以从书本上学习项目管理的相关知识

亚马逊有超过3万本关于项目管理的书，其中很多都很好地阐述了物流时间安排、风险管理、有效的会议习惯等方面的知识。但是我还没有看到哪本书提及较为困难的项目实施案例。项目管理专业人士资格认证（Project Management Professional，简称PMP），就像任何其他认证一样，都不是由专家来进行的。

授权提示：当你面试项目经理候选人时，请他们描述自己曾进行的最困难的3个项目，并说明他们做了哪些事情及结果如何。他们曾克服的挑战难度越大，在你的候选名单上的排名就应该越高。

任何人都能做这件事

通常情况下，项目经理被选中，是因为他们已经是团队中的专家，而且最具激情，或者是因为他们能挤出时间。小型项目很少需要一个全职的项目经理，尤其是在建立了有效的沟通机制之后。但是要确保有人能够建立和维护一个高效的项目方法（比如高效和简单的转向技术），以及让人们无须浪费工作时间即可跟上项目进度的有效沟通方式。

授权提示：支持项目经理建立一个有效的项目方案，不要事后才去做。

项目经理负责带领项目团队完成工作

我希望项目经理能做一个优秀的"牧马人"，能够激发士气，带领团队不断前进，超额完成目标。但这并不是让项目经理简单地去督促团队成员时刻保持最佳状态（尝试一下放松？），或者让他们准时参加会议。优秀的项目经理应该成为"牧马人"而非"牧羊人"。

授权提示：让团队对结果的好坏负责，而不是让项目经理负责。

项目团队拥有所需要的全部时间

让我们再回到双重职责的问题上。如果你能诚实地说，为了集中精力完成项目工作，项目团队暂时搁置了其他工作，那么恭喜你。如果不能，那就有些危险。

授权提示：让团队中的每一个成员避免高估自己的能力。一个客观而现实的承诺，永远都会强于一个无法实现的承诺。这样你才可以轻松获胜。

总结：让项目经理获得成功

首先，如果你是赞助商，帮助你获得成功的最好方法就是尽早参与工作，之后必要时尽可能多地参与其中，以确保团队的充分参与。一开始就做好工作，你会惊讶于完成工作是多么容易（事半功倍）。

当项目经理真正开始行动时，他们的角色就相当于"项目领航员"（我不喜欢"首席非传统官员"这样花里胡哨的职位名称，"领航员"这个名称恰到好处）。他们的工作主要包括以下内容：

1）帮助团队安排工作，协调创建"瀑布—敏捷"式计划，并确保工作顺利进行。

2）定期召开会议（根据情况召开每日例会或每两周的指导会议），在正确的时间与本书第五章末尾所列团队中的每个成员研讨问题。

3）指导团队工作：我们刚刚完成了什么工作，我们在哪里，我们下一步需要做什么，以及可能会出现哪些问题？

4）为任何需要做出的新决策提供升级渠道，并确保决策/行动不会拖延工作进度。

5）集中精力做重要的事情，不要让琐事分心。

6）预见并规避前进的障碍。

如果他们有充足的时间（他们经常会有），就可以在多个项目中分享他们的经验。那些博学多才的人不仅可以担任"项目领航员"的角色，还能担任新的更重要的角色，为核心项目做出更多贡献。

那么，现在你同意任命项目经理并告知成员了吗？

学习型团队是自信的团队

你认为一个自信的团队的特征是什么？一个即将完成一个重大项目的团队应该自我感觉良好，这是因为他们已经勇敢地应对了挑战，并且马上就要战胜困难。

任何一个积极向上的团队的核心本质都是团结友爱、相互信任，共同合作交付成果，彼此分享经验，共同成长。

如果一个团队能够一起学习进步，就会增强前进的动力。任何成员面临的挑战都是整个团队的挑战，所有的机会都是共享的。每个人学习的节奏不同，但学习型团队不会让任何人掉队。

快速学习至关重要，它意味着充分和有效地沟通。"这是我刚刚学到的知识，如果你还想了解细节，请告诉我。"

我们都渴望获取知识，但首先，我们要做的就是接纳自己的无知。任何项目启动的一个重要要求，是整个团队对项目结果的看法达成一致，每个成员都清楚他们要履行的职责。同样重要的是，当团队在某些特定领域找不到解决方案的时候，每个团队成员都要知道如何寻求帮助。

其次，确定谁最适合解决这个问题。他们能请教团队以外具有相关经验的人吗？是否应该进行实验？获得解决方案是否非常重要？团队是否应该在短期内把注意力放在其他地方？对于这个解决方案，团队可以接受怎样的不完善程度，到何种程度才算足够好？团队有多大的空间可以实验？实验失败很正常，而且通常是好事，但每个成员都明白这点吗？

这里有一些简单的技巧来获取更多的项目知识，你只需要15分钟即可学会这些。

1）保留档案——所有会议的决定、结果和措施。

2）随时记录——每个人花15分钟记日记，将第一件事到最后一件事依次列出。分享主题和详情，可以采用书面、口头或录像等形式。

3）回顾——在取得重大成就后进行快速回顾。不要把这些留到最后，应该将这些经验教训尽快加以利用。

4）客户参与——努力争取至少一个客户参与。他们对自我利益的务实性值得研究。

如果你不知道自己的团队是否被授权了，请参加一下授权测试（右侧专栏）。

> **授权测试**
>
> 如果某项工作无法正常进行，你的团队中谁来决定改变方向？
>
> 领导者需要批准何种级别的决策？这是否耽误项目进度？

技术的作用

> 我提过一两次，但我想我已经侥幸逃脱了。
>
> ——巴兹尔·福尔蒂（Basil Fawlty）

本书所阐述的"信赖技术"，就是充满激情和信心地使用技术，但其更多地讲述了如何完善你的企业的机构和社群。无论你的企业使用的技术是高科技的、低科技的，还是干脆无科技的，这里概述的原则都是适用的。

这意味着你需要考虑一个问题，技术是否能帮助你更快地取得成果。我希望你从一开始就思考这个问题，并且能找到答案。

是否寻求技术帮助？

技术可以通过以下方式帮助你：

1）加快平台运行速度。

2）快速实验，为客户提供解决方案，满足他们的需求。

3）评测一个已经有效的解决方案。

4）站在别人的肩膀上获取成功。

最后一个方式很重要。很少有人会冒着风险搞基础研究创新。你想要做的事情别人很可能已经完成了。技术提供了多种途径，你可以借用他人的成果和灵感来实现自己的目标。

快速行动，正确行事——概括

你要以正确的态度对业务升级采取有效和高效的措施。具体如下。

1）承认你的计划是个猜测。

2）对已知情况进行计划：

● 利用团队的经验。

● 扩大团队规模来填补空白。

3）对未知情况进行学习：

● 与客户一起测试创意和原型。

● 秉持探索和实验的精神（尝试新的创意、方法或活动，创造一种理论，并迅速证明或反驳它）。

4）实现流程可视化：

● 目标——你为什么要这么做。

● 计划——你现在的成功理论。

- 进展——检验每一个步骤的修正情况。
- 设计——知道解决方案是怎样的。

5）给成功留出充足的空间：

- 估算。
- 摒弃不切实际的计划。
- 实施最简变革。
- 不要要求项目经理做所有的事情。

6）用每一次成功和每一个经验来增强你的自信。

如果你已经准备好应用我们在第二部分所介绍的思想，那么你就即将从具备能力过渡到掌握技术。如果你有足够的信心去实现这一飞跃，请继续读下去！

第三部分

§

掌握技术

| 奠定信心的基础 |

关键知识

§

技术能帮助我们做好两件事：

1）提高洞察力和选择行动方案。

2）快速、经济地采取行动。

在第三部分，我们将详细探讨这两个问题。

第七章阐述了将信息收集、构建出意义，并在正确的时间传递给正确的人，以便让他们能够做出决定，采取下一步行动，从而产生洞察力。

第八章阐述了技术是如何更快、更经济地促成行动。这种行动规模巨大而几乎没有边际成本。如果你能描述某项工作的完成方式，它就能被编码。当该项工作被编码后，就会被纳入软件资产，转化为你交付给客户的知识产权。

第九章介绍了技术的组成部分，即"什么""为什么"，以及"怎么样"，以帮助你找到掌握技术的途径。

在第十章的末尾，我们列举了一些成功的例子，以激发你的工作热情，你可以借鉴他们的成功经验继续前进。

第七章

§

提高洞察力

寻找在社群中能帮助你提高洞察力的方法。

在此过程中，你将找到新的方法为你所在的社群提供决策信息。收集你已经获得的信息，学习如何理解这些信息，并发挥你的潜力，为你所在的企业社群提供新的、有价值的洞察力。

在行动之前，我们会进行思考。

至少，理论上是这样的。我们每天都要做很多决策，每一次决策之前，都要经过思考。

事实上，我们的大多数决策是凭借自己的本能和经验做出的。我们总会对自己说："这对我来说一直很管用。"老天啊，大脑每日消耗的卡路里已经占据了人体每日消耗总量的25%。想象一下，如果我们每一个决策都要绞尽脑汁才能做出，我们得补充多少能量。

但本能和经验本身都伴随着不确定性。专家对新创意存在偏见，正是因为他们坚守自己过去行之有效的方式。如果我们是专家，一定了解这点。洞察力则要求我们对改变故有思维的新信息保持敏锐。

信息可以让我们产生洞察力，可以获得引导我们采取有价值的行动的创意。但这种信息具体是什么，我们何时获得，由谁提供呢？

在21世纪的今天，我们当然不缺乏信息。但可供选择的信息处理方式太多，以至于我们无从下手，因此很多人都放弃了那些看似有用的新闻提醒，并删除了社交网络中输出过多观点的好友。

这是一场管理危机。我们都认为信息是免费的，但是探究事实和寻找相关性都需要付出金钱。我们的价值观和技能已经让我们从寻找信息的阶段转移到管理信息的阶段，就像是从糠皮中挑拣出小麦。

你能从本书中学到的一件事，就是你的技术成功之路始于对信息的理解、传递和掌握，从而提高你的企业社群（包括客户和同事）的洞察力。在本章，你将识别你的企业中现存的和可能存在的信息。以此为基础，你就会清楚如何将这些信息随时传递给需要它的人，以便让他们快速做出最明智的决定。另外，我们还将探讨信息安全，聚焦你真正需要了解的内容，以便帮助你批判性地思考数据保护问题。

从匮乏到丰富

商业因信息而兴旺，并且一直如此。谁需要你的产品，他们下一次需要你的产品会是什么时候，你的产品在他们眼中价值多少？你也许永远不可能完美地回答这些问题，但你可以通过这些问题，让你的企业在将来不断发展。

你的问题已经超越了金钱的范畴。那么你会对企业社群和整个世界造成怎样的深远影响呢？

在这样一个充斥着原始数据的世界，答案就隐藏在某个地方。问题是你是否能找到这个答案，从而产生重要的洞察力，并合理地投入时间和资源以实现目标。

这一切都与输入和输出有关。输入是指你收集数据，而生成信息则是输出。如果信息到位，洞察力就会随之产生。技术已经成为一种可以让你以数千倍的速度收集、整理和传播信息的工具。因此，信息方面的难题已经从寻找稀有资源转为管理充足的资源。

商业技术已经可以掌控信息收集。商业系统可以根据你的需要来记录事件，如交易、网站访问和电子邮件往来等。互联网资源积累了无数的视频、照片和沟通消息，这些数据都是洞察力的原始材料。你准备如何处理这些数据以提取有用的信息呢？

然而，你如果把一个20世纪60年代的COBOL[○]程序员传送到21世纪，商务报告对他们来说会非常熟悉：

1）关于上周、上月或上季度发生事件的数字（数据）列表。

2）为管理层（上级）提供的报告，通常是"绝密"文件。

3）进行一些数据分析来预测（推测）接下来会发生什么。

毫无疑问，电子表格让我们能够方便地创建报告和进行分析，现在许多人都可以根据数据来撰写报告或做演示文稿。不要低估各种办公软件为商业带来的革命，虽然它们的功能、作用各不相同，但基本原理是一样的：

1）记录商业系统中的事务。

2）将信息存储在数据库中。

3）以公式化的方式提取信息。

4）每天、每周、每季度或每年查看相同的报告，看看有什么变化。

然后，让我们重新思考一下，想想数据分析、处理的过程体现了何

○ Common Business Oriented Language的缩写，是一种使用较早的计算机编程语言。——译者注

种价值。

1）哪种分析是可行的？分析结果的读者需要具备哪些专业知识？

2）需要做哪些工作来实现目标？其中有多少需要人工操作，又有多少可以自动化进行？

3）哪些信息在做决策时未被采纳？

4）所产生的价值的应用范围有多广？你有多少同事从中受益？

最后，再考虑一些基本的问题：

1）你的同事中有多少人并未因此产生洞察力？

2）决策、行动、反馈的周期有多长？

3）这对你的客户有什么帮助？

让我们回顾一下大O模型。在你的企业中，同事和客户之间、客户和潜在客户之间每天都在交换信息，如果你非常希望在企业社群中产生洞察力，那么肯定希望增强这种信息交流（见图7-1）。

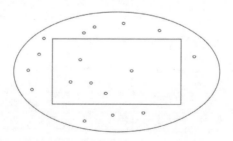

图7-1　你的企业社群中所产生的洞察力

毫无疑问，在过去的50年里，技术已经让人们可以更快地做出正确决策，但是大多数企业仍然没有充分发挥创新的潜力。

要产生洞察力，你首先要清楚自己知道什么和需要知道什么。

回答正确的问题

信息处理可以为你服务，也可以帮助你解决问题，但前提是你必须问正确的问题。

你可以利用所掌握的信息自由决策。在决策过程中，逻辑发挥约25%的作用，其余就是情感。情感因素的影响包括风险厌恶⊖和偏见，及个人关系和信任。

杏仁体是我们大脑中与情绪关系最密切的部分。有趣的是，研究表明，杏仁体受损的人无法做出决策。这有力地证明了情绪在决策中的作用。

想想你的情绪是如何影响你的选择的：对熟悉的情况感到舒心，信任认识的人，冒着犯错误的风险勇敢地做出违背常规的决定。而洞察力又是如何影响你的情绪，帮助你做出更好的决策的呢？

你的每一位同事每天都要做出一些困难的决策，也通常不敢对自己不了解的情况贸然做出决策。与你的组织架构中和每个层级相关的决策，主要包括以下内容：

- 执行：下季度、明年和3年后该做什么，如何处理任何迫切的问题和公众的需求。
- 部门：如何实现目标、制订计划、实现收入和成本目标，应对部门内部问题。
- 项目：根据经验教训和优先级的变化，调整交易流程和处理业务升级问题。
- 一线员工：在每一次为客户服务时，都当作是第一次也是最后一次给他们留下深刻印象的机会，并且视情况寻求同事的帮助和建议。
- 监控和应急人员：（被指派的人）及早发现问题，立即请求紧急支援，采取一切措施避免问题或解决问题。

⊖ 投资者对投资风险反感的态度。——译者注

这份清单并不详尽，但它典型地展示了企业各部门每天所做的决策。研究表明，大多数决策或多或少的都会受到情绪的影响。下面，我们来想想如何通过更完善的信息来辅助决策。

请思考哪些类型的信息会对你的决策有价值，并且代表你的团队参与"需要知道"测试（右侧专栏）。

当你有了答案后，我建议你去和你列出的成员进行讨论，听取他们的意见。问问他们曾经做出的一些重大决策，及他们当时想知道而现在已经了解的事情。

"需要知道"测试

首先，以"做决策所需要的信息?"表格（见表7-1）作为起点，仿照此表列出你的企业中的决策者类型，并根据需要举出他们的决策的例子。

其次，对于每类决策者，列出他们收到的能帮助他们做出决策的信息。

最后，填写可能有用的信息。

表7-1　做决策所需要的信息

决策	目前掌握的信息	其他信息
高管： 下季度要做哪些工作? 明年要做哪些工作? 3年后要做哪些工作? 如何处理迫切的问题和公众的需求?		
部门经理： 采取哪些改革措施来达到营业收入目标? 采取哪些改革措施来达到成本目标? 如何应对部门内部问题?		
项目负责人： 采取哪些调整措施来完成项目? 如何吸取经验教训和调整待办事项?		
一线人员——销售人员、客户支持人员、客服人员： 如何处理今天的客户事宜? 向谁寻求帮助和建议?		
监控和应急人员（无论委派何人）： 尽早发现问题苗头。 请求紧急支援，以解决问题。		

合理质疑

在前文我们提到了信心。当做出某一决策的风险很高时，最好质疑一下自己用于决策的信息。决策者可能会有以下疑问：

- 我如何知道我的信息是正确的？我需要何种程度的准确性？
- 这是最新信息，还是进行过重大改动的信息？
- 我的知识盲点在哪里？
- 这是我的决策，还是说需要寻求他人同意？

信息需要可信度，而这种可信度来之不易，也容易失去。最终，树立对准确性和即时性的信心，将成为你数据质量实践的目标，我们稍后将讨论这一点。

最后一个疑问是授权的问题。技术可以加快审批流程，但前提是，你需要向每个人说明他们的职责，以及当他们出现问题时可以向谁寻求帮助。

专家的困境

专家对自己的专业领域都有一种本能。这种本能是通过经验和在各种环境中反复做同一件事培养出来的。过去，要成为公认的专家，需要几年甚至几十年的时间。而现在，互联网可以在很短时间就培养出大批专家（不管是真专家，还是想象的专家）。你也可以通过深入地研究和应用实践成为一名专家。（但危险的是，你可能只进行了研究，忽视了应用，以为自己成了专家。难道你会聘用一个二十岁的小伙子做你的人生导师吗？）

同时不要忘记，专家往往对新事物存在偏见。这样想的话，也许你能从那个年轻的人生导师那里学到些什么呢？

虽然获取信息能让你成为专家，但它也可以挑战你的本能，提供相反的证据，挑战你的信仰。但一个真正的专家能够利用新的信息来调整自己的观点。这种能力就是智慧。

给我个惊喜

我有点像一个乐师，管理着自己的音乐库，内含数万首歌曲，这意味着我不得不买一部内存更大的iPhone。我已经成为自己音乐品位方面的"专家"，每当我在朋友聚会上负责切换音乐时，总会得到大家的赞赏。

然而，就在不久前，我发现我不再那么容易听到新的音乐。

> **"偶然性"测试**
>
> 你每天产生多少新创意？它们是从哪里得来的？偶然性对你的行动有什么影响？
>
> 现在，请想想你要如何帮助同事拓展他们的视野？或者说，你可以让他们在前进道路上产生哪些新创意？

大多数广播电台只播放老歌，一些介绍有吸引力的新歌的视频也渐渐消失了。而且我没有发现其他与我兴趣爱好类似的人，能提供我的朋友无法为我提供的服务。现在，我只能依靠偶然性来获得新音乐，比如电视节目插曲、服装店和咖啡店的背景音乐等。

认识到偶然性在我们学习中的作用是很重要的。引入健康的新创意是我们学习新事物的方式。下面，请参与"偶然性"测试（上方专栏），看看偶然性对你有什么作用，以及如何更好地发挥作用。

金字塔模型——丰富你的历史记录

商业发展的过程就是预测的过程。

本书不会告诉你如何预测未来。如果我能预测未来，我能靠此大赚一笔。但我可以提供一个仅次于能预测未来的水晶球的好东西，那就是我的金字塔模型。

下面，让我们来看一个例子，让你学会如何丰富企业的历史记录，瞥见未来，从而更加轻松地进行预测。

想象一下，如果你经营建筑材料生意，你的企业是业内最大的几家供应商之一。你每年销售数十亿美元的产品，所以你对自己的业务相当了解。但你仍然会面临销售的不确定性，这种不确定性不能归因于常见的季节性趋势。

那么，你怎样才能产生更深刻的洞察力呢？

管道承包商在贵公司的客户群中占了很大比重。当你想要更好地理解你的业务的宏观趋势时，不仅要研究自己的交易记录，还要研究影响客户的业务，这是很有意义的。事实证明，与新建住宅相比，房屋翻新装修对管道供应的需求更大。这一差别非常重要，因为房屋翻新和新建住宅装修市场的销售高峰期和低谷期是不同的。

将这些因素与你的研究结合起来，就可以通过使用翻新装修作为预测的主导指标，对企业进行未来6～12个月的业绩的高精度预测。

参与"你的前进方向"测试（右侧专栏）了吗？现在请参与这个测试，并列出你的企业的主导指标。

这与你为你的企业所提供的信息有什么关系？让我们再来一遍那个例子。如果你的企业已经经营了1年以上，有准确的记录，那么你

> **"你的前进方向"测试**
>
> 首先，把你的买家分成几个部分。不要过分追求细节，在这个阶段，2～5个部分就可以了。
>
> 其次，请列出影响市场的潜在趋势。因为其中每一种因素，都将决定企业在未来6～12个月的表现。你能找到哪些信息来帮助预测这些因素的影响？这些趋势对你的预测意味着什么？
>
> 最后，你现在应该如何进行准备，以利用这些机会，并减轻工期延误的影响呢？

的起点将是会计系统中记录的交易历史——也就是一些能让你清楚今年发生哪些事情的数字（见图7-2）。

图7-2　金字塔模型——由交易历史预测将要发生的事情

交易记录往往是相当准确的，原因很简单，如果你发错了货或者多开了账单，客户会告诉你（尽管他们可能会忽略一些意外的折扣）。你要让数据频繁"运动"（数据运动意指定期检查数据，并在源头就修复错误），并且保持良好的状态。但稍后会看到，并不是所有数据都是这样。现在，假设你的交易记录为进一步研究提供了一个坚实的基础。

了解企业发生了哪些事情非常重要，但是数据让人感到有些枯燥。你怎样才能通过给它注入一些兴奋剂，自信地预测未来呢？

你往往会去评测那些容易评测量的东西。销售数据为你提供了一个盈利的固定基础，网站访问量告诉你有多少人来访，而交易历史则是一些简单的账目。

相比之下，要通过每周修复的数行代码或故障来评测程序员的生产率是一种糟糕的方法。更好的办法是评测程序员将完整合格的功能交付给客户的速度。好的评测体系关注的是结果，而不考虑测量过程的障碍，不管你是在掌握人力资源、服务，还是企业的任何其他部分。

　　如果更深入研究的话，除了简单的评测方法，你还可以让数字"说话"，前提是你要准备好接受一些不确定性。数字取整对你的财务记录毫无益处，但却有利于你的预测。

　　如果你深入思考，就会发现那些能够解释图7-3中"为何会发生"这些事情的影响因素。交易量上升时，正好是房屋翻新装修火爆之时。当房屋翻新装修陷入低谷时，交易量也会随之下降。

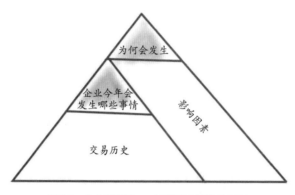

图7-3　金字塔模型——知道事件发生的原因

　　历史是很有趣的，因为它能帮助你分析因果关系。在上述例子中，你使用这些信息来提取建材市场中的主导指标，并将这些指标纳入预测中。虽然一个更准确的预测可以让你实现股东的预期目标，但它的好处不仅如此。更准确的预测使你能够通过预先警示做出快速应对，并且部署计划来缓解和扭转经济颓势（见图7-4）。现在你可以进行更高水平的预测了！

　　你要清楚，做这件事所需要的信息可能并不都在你的数据库中，甚至可能不在你的视线内，但它很可能就在某个地方。首先，你要启动一个研究项目来设计项目的预期版本。当你进行了多次专项研究，

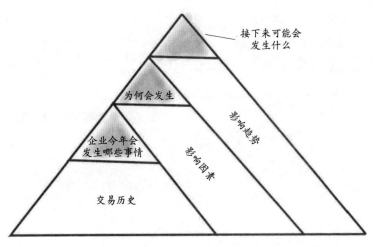

图7-4 金字塔模型——知道如何准备

确信能改善成果后，就可以决定是否通过系统将信息大量输送给你的团队。

洞察力有何价值？

洞察力并不是天生的，你至少需要对此投入精力进行研究。如果结果值得继续研究，那就需要投入更多资金。那么，在你投资研究之前，你怎么知道洞察力是否具备价值呢？

下面是一个简单的练习。请你问问自己，如果你知道你正在考虑的问题的答案，你会怎么做。记下三四个可能的答案，如果每个答案都是正确的，你会选择采取什么行动。如图7-5所示，如果你的几个答案都是十分接近的，也就是说不管问题的答案是什么，你基本上都会采取相同的行动，那么这个问题就没有意义了。但是，如果这几个答案会把你引向完全不同的道路，那么答案是值得寻找的。如果4个选项中有3个相似，你只需要排除（或确认）第4个选项，然后进行相应的操作。

答案	行动
1	A
2	B
3	C
4	D

答案	行动
1	A
2	B
3	B
4	B

答案	行动
1	A
2	A
3	A
4	A

4种行动：是答案1、答案 2、答案3，还是答案4？　　2种行动：是答案1还是 其他答案？　　1种行动：谁还在意答案 是什么？

图7-5　通过行动确定答案

这个思考过程提供了一种方法来评估你是否应该投入时间和精力去学习一些东西。

注意，它不适用于偶然性或随机性研究，而是旨在拓宽你的视野。这样的结果本身就值得你花时间去研究。

每一个数据都在讲述一个故事——如果你顺其自然

所有信息工作的成果，也就是产生洞察力，往往在最后功亏一篑。尽管你知道需要回答什么问题，也知晓了能提供答案的信息，并且也获得了信息。但结果却让人无法理解。有人制作了一张需要4页纸才能打印出来的庞大的表格，里面充斥着复杂的数字，让人毫无头绪。然后又制作了一个虚张声势的仪表盘报告[⊖]，试图回答每个问题，但却哪个也没有回答出来。

如果要让团队成员通过信息产生洞察力，就必须清楚地提出信息，否则你只会感到头疼。信息应该受到可用性规则的约束，避免出现杂乱、冗余或不完整的问题，不要让接收者做烦琐的计算。一般来说，最好使用图形而不是数字，并且包含充分的文字说明来避免歧义。

⊖ 一种类似于汽车仪表盘的图表类型，可以清晰地展示某个指标的数据范围。
　　——译者注

有关这方面的更多信息，请参阅阿维纳什·考希克（Avinash Kaushik）的著作。

你的洞察力取决于能否将企业的一些运营时间用于理解如何呈现信息上。

寻找事实来源

在提出了一些新问题之后，要如何寻找答案呢？

这些山丘里有金子

在寻找信息时，不要停留在表面，也不要局限于你所知道的事情。

你的企业中包含哪些信息？想想你的商业系统，包括财务情况、订单管理、采购、销售跟踪、网站数据、人力资源、员工薪资等，在你的企业数据库中包含大量的数据。从技术角度，我们称这种数据为结构化数据，因为它是以一种为计算机提取和分析而设计的格式存储的。

但不要止步于此。你还有很多非结构化数据，包括电子邮件和存储在某个磁盘或者某个地方的大量文档。如果你已经为员工和客户创建了文档，包括用户手册、操作程序、培训视频等，那么这些也是你的数据。所有这些都是信息化数据，其中一些是可检索的，能够激发你的洞察力。

别忘了纸质文件。在办公室找找，看看文件柜里有什么？如果文件值得分享，你可以使用技术手段将文件数字化。

此外，还有微缩胶片。好吧，我不再过多列举了。

但是，互联网上不是充斥着各种文件、图像、视频、音频和数据吗？没错。毫无疑问，你和你的团队成员早已大量采用了这些信息，但是你是否：

1）使用视频网站作为与客户和供应商交流的媒介？

2）挖掘政府网站上丰富的公共领域数据？

3）从第三方购买关于自己的企业社群的有价值的信息？

4）对任何与自己的企业有关的社交话题进行情绪分析？

5）与潜在客户建立自动个性化电子邮件对话？

如果你对这些问题都回答了"是"，那么恭喜你。如果回答的是"否"或"可能"，就要拉响警报了！[你可能会问，为什么最后一条（与你的潜在客户建立自动个性化电子邮件对话）也是你企业的信息来源。你如果把与潜在客户的自动个性化电子邮件对话，看作与每一位客户的网络晚餐会谈，你会问什么问题？你会如何回应他们的回答？]

下面，简要说一下你应在何时从第三方购买信息。各大互联网网站让我们相信，只要有浏览器和网络连接，我们就能在两分钟内找到任何问题的答案，而且完全免费。

而事实是，你确实可以找到答案，但没有人敢保证答案是合适或是正确的。这些工具使粗略的搜索变得非常容易，这对于许多信息的查询来说是很好的。但在以下情况中，你有必要努力寻找可靠的、值得信赖的和权威的数据，如果有必要，甚至可以付费：

1）决策的风险性很高。你需要权衡信息的成本和出错的成本。

2）数据源非常多，而你只需要其中极少量的数据。例如，你想验证邮箱地址是否正确，那么需要筛选上百万个邮箱地址才能确认答案。

3）数据经常发生变化，而你需要最新数据。彭博新闻社（Bloomberg

News）[⊖]向只需要最新信息的用户出售实时交易数据。

现在，你可以再回头看看"你的前进方向"测试。你阅读完最后几段后，是否想到了一些有用的信息来源？如果是，请将其添加到你的列表中。

洞察力出现在脑海中

当你在做这件事的时候，转换一下思路，想想你的企业收集、整理和维护了哪些可能对现有客户有价值的信息。那么一个全新的市场又会如何呢？如果你能管理有用的信息，对于你的客户有怎样的价值呢？如果你能出售这些信息，你能成为行业中的彭博新闻社吗？

数据清洁就是数据崇拜

好吧，好吧，格雷厄姆，外面有很多数据。我明白了。但大部分不是垃圾吗？我怎么知道该用哪些数据，以及它们是否可靠呢？

你该如何判断信息的来源？

注意，可疑信息并非仅源于互联网。你最近是否在你的商业系统进行了数据的高质量运动？如果不是，抱歉地说，就会有错误。无论这些不准确是实质性的，还是仅仅是由四舍五入造成的，数据高质量运动都

> **经验法则：实物运输前，先进行数字化沟通**
>
> 思考一下你的企业传递信息的方式。例如，如果你要用数据（比如纸质文件）来传递信息，那么是否有可能采用数字化方式呢？能否赶在发货之前传递信息？看一看产品退货的原因，你们能在发货前通过确认信息来减少相关的时间和成本吗？你可以完全采用数字化方式来共享设计以供批准，以及确认产品规格和材料清单。

⊖ 全球知名的财经资讯公司。——译者注

本质：数据质量管理措施

如果缺乏"运动"，数据会萎缩，就像你的身体一样。再次强调，数据运动意指定期检查数据，并修复错误。

有几种方法可以让你的数据"运动"起来：

1）输入时验证——不允许错误的数据输入系统。

2）经常验证准确性——对大多数财务数据来说，这是自然发生的，因为如果资金出错，你、你的客户或供应商都会察觉。但其他数据错误可能由于是例行公事而被人忽视，比如邮寄地址、电子邮件变更、服务记录等问题。

3）定义有效和合理的数据范围，并在系统中构建警报以报告异常。

4）自动化技术包括异常和趋势的模式识别、校验和多源三角测量。

通过这些方法，可以确保你所产生的洞察力是基于可用的最佳数据。

是你所采用的任何信息驱动的决策过程中至关重要的一部分。

现在，也许除了你的首席财务官，我是第一个建议你重视信息的准确性的人。核实消息来源的可信度不仅仅是《华尔街日报》（*The Wall Street Journal*）的工作。如果你能从多个源头找到等效数据，那么最好对3个数据源进行三角测量，或者对两个数据源进行双重检查。如果结果一致，数据很有可能是准确的；如果并非如此，那就是有人在撒谎。

决策精度——你可以预估任何事情，但你是否应该去做呢？

一个受过教育的人，会满意于事件本身所认可的精确程度，而不是在只能得到近似结果的情况下刻意追求精确。

——亚里士多德

亚里士多德是睿智之人。的确，不同的决策需要不同的精确程度，而实践这一原则会加快你的行动速度。

当你找到一个方向时，可以用合理的数据做出初步的决策。如果你想种植蔓越莓，就需要在蔓越莓汁或蔓越莓酱市场中做出选择，你只需要适度的准确性就能做出选择。你无须经常花费时间和资金来追求精确度，但你可能需要更精确的信息，比如确定是运送蔓越莓果冻还是蔓越莓块？

你有没有停下来想过二八法则的应用频率？为什么我只需要10分钟就能把80%的所需商品加入购物清单，而最后20%的商品却需要花50分钟才能决定呢？（你也是这样吗？太不可思议了，不是吗？）

> 经验法则：大多数决策应该在你掌握了80%的信息时做出。

就像一件事情的80%往往可以在20%的时间内完成一样，当你准备好了80%的时候就可以开始行动，这是收集信息的一条很好的准则。最后20%的准确性不太可能影响你的方向，当你实现目标的时候，这个决定可能是没有意义的。

在《如何衡量事物：寻找商业中无形资产的价值》（*How to Measure Anything: Finding the Value of Intangibles in Business*）一书中，道格拉斯·哈伯德（Douglas Hubbard）提供了有关商业中概率应用的最佳理论依据。任何一个每天都需要做商业决策的人，都应该对这种信息采集技术感兴趣，或者至少应该对其熟悉。

如果你是这样的决策者，那么哈伯德的著作是你在统计学方面所能找到的最轻松的读物。作为参考，我们来看看他的另一个法则——五数字法则：

1）随机写下30个或更多的数字。

2）从你的清单中抽取5个数字作为样本。

3）把这5个数字按顺序排序，看看最小和最大数字各是多少。

4）数数这30多个原始数字中有多少处于所取样本的最小和最大数字之间。

根据五数字法则，你所列举的30个数字中总有93%的数字处于这一范围内。如果你想证明或反驳这一点，请继续进行练习，你想做多少次就做多少次。我等着你。

可能你会说："那又怎样?"这可以充分说明，你可以用很小的样本量来缩小数值范围。估算是一种工具!

好吧，我们不再讨论统计数据了。如果你想了解更多，就去读哈伯德的著作吧。

> 经验法则：格雷厄姆的渐进式精确度法则指出，随着你做决策的进度发展，你的数据的精确度应该逐步提高。
>
> 经验法则：如果你正在研究与钱相关的重要数字，请向你的首席财务官寻求帮助。

信息渠道

我希望能激发你对于自己企业中尚未利用的信息潜力的兴趣，在回答新问题的过程中，为你的团队和客户提供洞察力，对于那些小信息样本也会产生很多创意。

但是你准备如何在企业中测试这一点呢？

下面，让我们一探究竟。

信息的生命周期

信息只有在流动时才有用。

无论如何，将信息存储起来只会浪费磁盘空间，除非它被分享、读取、消费、研究，并最终帮助使用者产生洞察力。

构建信息渠道的第一步，就是确定信息以何种方式度过这个生命周期：

1）获取——寻找信息。

2）存储——把它保存在有用的地方（比如数据库），将纸质文件数字化处理，利用音频、视频记录，并把这些机密文件安全可靠地保存起来。

3）做好使用前的准备——进行筛选，确保质量。

4）维护——保持数据的准确性和时效性。

5）分享——在合适的时间和地点将信息分享给客户和同事。

6）销毁——当信息无用时应将其销毁。只有具有适当的理由才会将其存留。

这个生命周期决定了你的企业中所有与信息相关的工作，包括：你如何获取和存储信息，你对信息的信任程度，谁会在什么时候查看信息，以及为实现目标你应该投入多少。

> 差的数据不值钱，好的数据则是一种投资。

管理数据

任何企业每天都会接收和产生大量的信息。虽然大多数企业都能找到它们每天需要的信息，但也有许多企业忽略了它们的大部分数据。

如表7-2所示，把你的数据编制目录，明确数据当前的位置和流通方向，这是管理数据的第一步。知道自己掌握哪些信息后，也就清楚自己的未知方面，从而可以有效地填补这些空白。

参加"已知情况"测试，开始编制你的目录。

完成后，你将得到以下表格（见表7-2）。

表7-2 "已知情况"表

位置	类型	详情	格式
销售	潜在客户	姓名、电子邮箱、兴趣	数据
	客户	姓名、地址、电子邮箱、订单	数据
	…	…	…
财务	客户	姓名、账单地址、电子邮箱、电话	数据
	…	…	…
网站	营销推广	附属材料、关于我们	网站
	视频	关于我们、培训	视频
	…	…	…
文件存储	联系人	文字和图像	文件
	简历	文字和图像	文件
	…	…	…

你的清单无须详尽无遗，但应该包括所有你应该收纳的典型信息。简而言之，也就是你能想到的各种格式、形式的信息，以及存储于数据库、电子表格、电子文档、视频和音频中的数据。

"已知情况"测试

首先，请你使用笔和纸，或者屏幕和键盘，在页面左边列出你的企业现在使用的一系列主要系统，也就是存储你的财务、销售、生产、支持和其他数据的地方。并且在中间留几行。本测试需要一页纸以上，所以要留出足够的空间。如果到了底部，请暂停列举，并完成此页，然后继续。

其次，在每个系统旁边，填写对应的数据类型。例如，销售系统对应的是客户、潜在客户、线索和订单。依旧写完这一页。

再次，现在回到客户的位置，在该行中列出你的系统所知道的信息：姓名、地址、电子邮件等。然后对潜在客户做同样的处理。

最后，当你填完这张表后，翻到下一页，继续写出你的位置，包括系统、磁盘、文件柜等。

十分钟之内，你就会完成这个表格。现在已经够好了。

为了增添趣味性，你可以与同事分享你的清单，让他们根据自己的想法来添加或更正。请记住，这里谈论的是数据类型，而不是单个记录或详尽的文档列表。没有一个人需要在这上面花费超过10分钟的时间。在一天结束的时候，你会有一个关于企业的"已知内容"的完整清单。

时间与需求

而当你分享这份清单时，会出现一件有趣的事情：同事们会发现，他们竟然忘记（甚至不知道）你有这些信息。不管怎样，他们都会开始考虑如何利用这个新发现的宝藏。

人们在不同的时间需要不同的信息，这取决于他们所做的工作。

- 一线人员，也就是每天都与客户打交道的销售、支持和客服中心的成员。为了给客户提供最好的建议，他们希望得到与客户相关的信息，从而在每一个电话或会议上，在任何需要的时候，能及时用上这些信息。

- 规划人员，比如管理团队、销售负责人、项目经理等，会想知道项目进展情况。

- 计划人员，成员与上面相同。他们很想知道接下来会发生什么，还想了解领先指标——想想你的能预测未来的虚拟水晶球。

- 问题解决者，比如普通员工，想知道什么时候会出问题，以及他们能采取怎样的预防措施。你要为他们提供可预测趋势和诊断报告。

- 会计，每隔一段时间都需要准确的信息。月末会计流程的编制以数据精确度为基础。编制财务报告所花费的时间，可以作为体现数据质量的一个实用指标，但这并不是说员工可以草率行事。

大多数信息需求是可预测的，当人们需要获得独特的洞察力时，就会告诉你情况。在我们这个信息泛滥的世界，我们应该在正确的时间找到正确的人。当然，我们习惯于优先处理热门事件。

当然，还有一些难以预料的事件：

- 一次性事件。当某人的思维过程中出现了一个"如果"，好奇心就会随之介入。如果这个人是高管，那么这种好奇心可能就会得到更多关注。一个设计完善的关键绩效指标，是我所知道的能阻止这些事情发生的最好方法。

- 偶发事件。新闻和洞察力的随机注入将充实人们的思维过程。虽然新闻和新信息可能只占Twitter中信息不到1%，但缜密的洞察力十分有价值。它会不断提醒你："你最好看看这个。"

密切关注你的同事，弄清楚他们目前不知道但希望了解的事情。此外，再问问他们什么时候想了解这些事情。

传播信息

我们冒着彻底推翻"信息多如海水"这种类比的风险，在数据海洋中寻找信息，就像参与一次钓鱼之旅。虽然让会计在一天结束前计算一些数字很容易（而且节约成本），但如果这样做的话，可能会非常耗时（而且会因此影响处理其他的优先事项）。

你要记录请求并寻找解决模式。如果同一个问题每个月都会被问到，那么它就可以用来构建一个确定答案。一旦确定答案，你就可以让我计算那些复杂的数字，教我"钓鱼"（找到信息）了。然后几个月后再来看看，你是否真的花时间回应了自己的好奇心。

如果你知道谁需要什么以及何时需要，那么你可以每天早上在他们的收件箱里或者在他们的屏幕上弹出提醒信息，有效地分享这些洞察力。新闻媒体可以完美地通过标题来吸引你的注意力。对于重要的商业信息，你也可以采用相同的手段，前提是你知道谁需要什么，以及何时需要。

信息架构

在详细阐述之前，还要探讨一个主题，以便让你对信息渠道有一个全面的认识。

如果客户在某时付钱给你，那么他的地址会同时出现在你的销售系统和财务系统中。如果允许这种重复，你的工作就会产生错误和混乱。因此，一定要消除重复，在工作中，你只需要唯一的事实。

你的信息架构重绘了"已知情况表"，对客户数据采用唯一版本，对于其他各类数据也是如此。如果不同的系统需要使用不同版本（我认为这是商业系统设计的普遍缺陷），那么你的信息架构会认为哪个版本才是正确的呢？你的客户信息记录系统又会是什么呢？

所有权、保管和保护

企业领导者所需要掌握的安全知识

令人遗憾的是，科技行业总是喜欢耍花招来迷惑大多数不关心科技领域的人。接踵而至的困惑和混乱让人们对科技敬而远之，等不到研究细节就放弃。

因此，我们将阐述被各地首席执行官投票认为最容易产生困惑的技术主题。在所有的商业技术主题中，没有一个比安全性更糟糕的了。

安全的本质很简单。一个企业领导者需要了解的所有信息可以写在一张纸上。

细节决定成败，而像这样一个简单的解释，将帮助你及你的企业的安全之旅更为顺利。

企业领导者所需要掌握的安全知识

你的企业社群因为获得好的信息而蓬勃发展。每个人都需要知道一部分信息，而有些人需要知道所有信息。技术可以将信息的分发成本降低到接近0。然而，你的一些机密信息可能在黑市上有价值。你需要了解自己拥有的信息及其价值。

在可获利数据和数据破坏领域，非法产业正在迅速发展。不法分子雇佣天才黑客来寻找和窃取信息，或者安装工具来敲诈企业。我们把这些人视为非常狡诈的商人。

黑客行业投资于工具来测试任何连接到互联网的企业的保护措施。如果保护措施很容易被侵入，他们就会深入探寻战利品。如果你的企业的外部安全外壳薄弱，就会引起黑客的注意。此外，你的企业拥有的可获利数据量越多，对黑客行业的吸引力就越大，你就需要越强的防御能力。

大多数安全漏洞都是由于员工的疏忽、错误或恶作剧造成的。因而员工培训是一项基础性工作，能为你的资产提供最大的保护。

你保管的客户数据不属于你。客户将他们的数据委托给你保管。当你请求和收集客户数据时，就要承担起责任和义务。这必须体现在你采取的保护措施上。

信息安全是一种技术驱动的现象，有好的一面，也有坏的一面。但安全首先与良好的政策和程序有关。技术措施只是为了实施这些规则。安全不仅仅是互联网技术工程师的责任，更是首席执行官的职责。

实施安全策略的过程非常简单：

1）将你目前已有的和希望拥有的数据编制目录。

2）创建为每种数据类型划定敏感度级别的策略。对于99%的企业来说，3~4个级别就足够了。

3）部署技术来构建保护层，从企业的外壳开始。无论你的数据是在内部预置还是存储在云端，都要采取同等的防护措施，并监控防护性能。

4）创建用于明确你的企业、员工和客户必须如何处理数据，以及你应该如何处理异常情况的策略。

5）如果你没有为客户或监管者提供证据，来证明你是严肃对待安全问题的，那么你就应该接受第三方审计，以确认你的工作正确无误。如果未签订保密协议，就不得与第三方共享你的安全策略。

这就是一个安全策略的单页模板。

如图7-6所示，这是一次旅行。安全形势是不断变化的，你需要不断完善你的保护措施，直到它们达到你设定的标准。你要维护日常运行，以检测和响应将要发生的破坏事件。当黑客行业产生新的威胁时，你会及时做出反应。

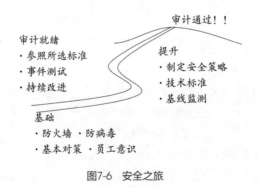

图7-6　安全之旅

本文不准备深入探讨你的安全计划，但是在我们继续前进之前，需要进行思考。当你参与"已知情况"测试后，就完成或至少开始了你的

第一步——编制数据目录。

第二步，你要考虑到每种类型的数据落入坏人手中的后果，并为清单上每种类型的数据进行分类：

1）最高机密：可能会让企业倒闭，会引起诉讼。

2）机密：会损害生意，也许会引起公众的尴尬。

3）隐私：会造成一些小的不便。

4）公开：你想让每个客户和潜在客户都看到！

安全不是毯子，更像洋葱（见图7-7）。完成测试后，你将得到一个清单，你可以将每种类型的数据放置在你那"安全洋葱"的某个位置上。

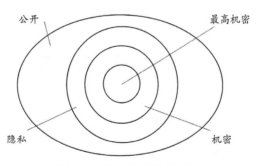

图7-7 你的安全需要几层保护

想想詹姆斯·邦德（James Bond）（《007》系列电影的男主角）、杰森·伯恩（Jason Bourne）（电影《谍影重重》的男主角），或者"粉红豹任务"（源自电影《粉红豹》）中决定盗取世界上最大钻石的人。他们无一不是突破重重关卡才完成任务。毫无疑问，我们的英雄早已熟知剧本，在开始行动之前就已经完全了解防护措施。但是任何侵入你的防御系统的人，只有在侵入过程中才能发现你的保护措施。

> 经验法则：信息只有在流动的时候才有用。

洋葱图可助你确定每一层的安全措施。随着黑客从外层侵入到内核，他们将遇到越来越大的挑战。中心就是你的最高机密版本。

切记，外层（基础层）用来抵御黑客最初的探测，里面的一切都是为了对付那些能通过的家伙，而监控就是你的防盗警报器。

共享的界限

既然你已经消除了环绕信息安全的神秘感，那么花几分钟重新划定共享的界限是很有必要的。当我们把安全视为一个黑匣子时，就容易在安全方面犯错误，即共享不足。在学习了上一节的主要内容后，你应该重新思考你的适宜级别，回顾一下我们前面说过的内容：

将你的最高机密信息严密封存，并且只在必要的情况下进行密钥共享，但是不要因为共享不足而损害了其内含的洞察力价值。

现在请参与"共享"测试（右侧专栏），以仔细检查你的隐私保护倾向。

> **"共享"测试**
>
> 现在，你是否授权你的可信任同事访问你的最高机密或机密信息？
>
> 你有哪些机密信息可以在必要的控制措施的保护下与客户分享？

当心有毒数据的诅咒

当谷歌、Facebook等互联网巨头创建时，大多数用户都认为它们都还会遵循软件收费的模式。而这些巨头通过允许用户免费访问他们的软件，创造了一种全新的商业模式。没有金融壁垒的阻碍，用户可以轻松使用。这些企业也因此获得数十亿的用户，这是前所未有的成就。作为交换条件，他们会存储他们从用户那里获取的数据。当时，用户也愿意进行这样的交易。这些企业因此而生意兴隆，赚取了巨额收入。

然而发展到现在，这些企业竟然把收集到的这些数据以让人讨厌的方式加以应用。如果说用于广告会偶尔让你感到恼火的话，那么把你牵扯进宣传计划则会让人焦虑，还包括一些没人愿意参与或者根本没有兴趣参加的不法活动。

从20世纪中期开始，消费者就开始托管他们的数据。这些企业的建立前提是：可以使用用户的数据，而用户可以免费使用软件。

但现在情况出现了反转。欧盟《通用数据保护条例》（General Data Protection Regulation，GDPR）的出台是一个里程碑，标志着消费者想要重新拥有数据所有权。

这对一般企业来说意味着保护他人私有数据的安全是一项日趋重要的责任。如果你收集了这类数据，你最好能很好地保护它，而且必须提供一种方法，让数据所有者看到你对他们十分了解，并允许他们能够随时选择删除自己的信息。目前，并没有任何安全系统能达这种级别的透明度。在行业适应这种情况之前，法律合规的过程将是一团糟。

另一个有益的教训是，如果你妥善并且负责任地使用客户数据，那么客户数据就会成为你的资产，而那些闲置的和不必要的数据，可能会成为你企业中的有害资产。

> 经验法则：只收集对你有用的数据。千万不要一股脑地收集所有数据。

信息高速公路的重新解读

阿尔·戈尔（Al Gore）所提出的"信息高速公路"计划，在那个时代（1992年）就相当于发表了"月球上的人"的演讲。这条高速公路能为人们提供即时访问任何数字信息的机会。而这一计划最终得以实现。电信公司投入大量资金建设基础设施（消费者一直付费使用），创造了超出人们想象的数据移动能力。尽管这已经超出消费者现有的认知水平，但世界厌恶"真空"，消费者很快就能学会。

宽带。

仅Netflix使用的互联网容量就占了全球总互联网容量的20%。信息高速公路用于传送大家想要看到的任何内容，但就像所有的高速公路一样，信息高速公路也会堵车。目前，它采用有线和无线两种方式进行传输信息，管道不断延展。

你的企业也有自己的信息高速公路。在本章，我们已经讨论了很多内容，现在让我们来看看，你应该如何用洞察力来推动你的企业和社群。

回到我们的大O模型，想象一下新的信息将出现在椭圆形社群区域的某个地方。进一步想象一下，你可以将这些信息引导到正确的位置，从而提高你的同事和客户的洞察力（让同事能洞察到客户急需帮助，让客户洞察到即将受到帮助）。

如果这些对你来说像阿瑟·C. 克拉克（Arthur C. Clarke）或菲利普·K. 迪克（Philip K. Dick）的科幻小说，那么我有两个问题要问你：

1）像这样的服务如何帮助你的客户？

2）为什么很多科幻作家都简写自己的中间名？

要知道，这些在今天已经成为事实。如果你能认真思考，就能找到问题的答案。

我们都存在于一个洞察力链中（见图7-8），分享我们的专业知识以供他人借鉴。这些洞察力绝大多数不是源于我们。但是我们可以吸收它们，并且增加一些东西，然后把它们传递下去。你的企业处于洞察力链中的哪个位置？

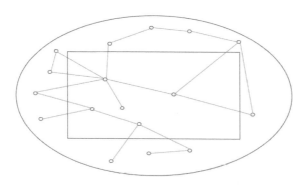

图7-8　你的企业社群的洞察力链提供信息交换

谈谈洞察力

为了给本章进行有趣的总结，请参与"需要知道更多"测试（右侧专栏）。

做完后，请你妥善保管这些笔记。稍后我会让你再把它们拿出来。

"需要知道更多"测试

找到你的"需要知道更多"测试的笔记。根据你参加测试以后记录的所有内容，在最后一栏中填写你的洞察力。

要想获得额外积分，再针对客户增加一行，写出他们所知道的内容。并且明确这些是否是他们需要知道的全部内容。

你从这次测试中获得的最重要的洞察力是什么？

洞察力促成行动

在本章中，我对你讲了很多商业信息的艺术和科学。我们将在本书的末尾总结这一主题，但更重要的是，我们要在下一章探讨如何利用技术将洞察力转化为行动。

提高洞察力——概括

你的企业发展需要依靠大量的信息，如果没有足够的信息就会陷入困境。技术擅长采集、存储和传输数据，你只需要做到询问正确的问题，挖掘正确的资源，在正确的时间为正确的人提供正确的洞察力，就能弥补差距。

我为你提供了一条通往这一洞察力宝库的途径。

1）除了乏味的跟踪指标报告外，你还要思考以下问题：

- 需要做哪些工作才能使信息更有用？
- 哪些信息没有成为决策的考虑因素？
- 有多少同事获得了你提供的最佳信息？
- 这对客户有什么帮助？你怎么能更多地帮助他们呢？

2）回答正确的问题：

- 与你的同事深入探讨——他们的问题是什么，你怎样才能给出更好的答案？
- 让专家们感到舒适——如何帮助他们产生新的洞察力？
- 金字塔模型如何丰富你的数据？

3）寻找事实来源：

● 不要停留在表面现象。

● 不要只评测容易评测的东西。

● 使用第三方的数据丰富你的洞察力。

● 把握机会将你的数据货币化。

● 数据不是免费的，投资能净化你的信息。

4）信息渠道：

● 尊重信息的生命周期。

● 了解你所知道的信息，并掌控数据。

● 重点关注在你的社群中提供洞察力的时间和需求。

● 寻找事实来源。

5）所有权、保管和保护：

● 领导者需要了解的所有安全信息都可以在提供的页面上找到。

● 可靠的安全保障可以让你放心地分享更多内容。

● 认识到你的保管责任。

6）信息高速公路的重新解读：

● 你的企业社群有一个洞察力链。

● 重构你在这个链条中的角色。

7）洞察力促成行动，我们将在下面探讨！以下是我对于产生洞察力的经验法则：

● 实物运输前，先进行数字化沟通。

● 大多数决策应该在你掌握了80%的信息时做出。

- 格雷厄姆的渐进式精确度法则指出，随着你做决策的进度发展，你的数据的精确度应该逐步提高。
- 如果你正在研究与钱相关的重要数字，请向你的首席财务官寻求帮助。
- 每个月的结账速度越快，数据质量就越好，企业运营就越简单。
- 信息只有在流动时才有用。
- 只收集对你有用的数据，千万不要一股脑地收集所有数据。

第八章

§

汇聚创新

你的创意在被分享之前，只不过是一种设想。

每天你都要思考如何传递自己的创新想法。

赛斯·戈丁指出，创意在被分享之前只是一种设想。无论是多么天才的想法，除非有人读过、审阅过，或者使用过，它才能起到作用。

创新的方式有很多：高科技、低科技和零科技。无论你采用哪种创新方式，快速部署、反馈、采用或报废，都有助于创建一个创新型社群。技术为你提供了最快捷的信息分发和反馈方式。

当你分享一个对客户有效的创意时，你就有机会为社群创造一些有价值的东西，同时还能为自己增加一笔资产。这就是区分投资和费用的方法。

技术的阴阳之道

在上一章，我们探讨了技术在产生洞察力方面的作用——在正确的时间在正确的人之间传递信息。在本章，我们将讨论技术的另一个作用——支持你的企业为传递价值而采取行动（见图8-1）。

洞察力　　　　　　　　　行动

图8-1　技术的阴阳之道

　　商业技术（产品和系统）的实施长期以来一直是一种利弊循环。当团队被复杂的问题和巨大的工作量困扰时，新技术带给他们的兴奋就会消失殆尽。当项目完成时，压倒一切的感觉可能是解脱，"谢天谢地，一切都结束了。"这样一来，大家就不会愿意去对工作继续改进。

　　在本书第五章和第六章，我们讨论了情绪和合作对变革的影响。在本章，你将从另一个角度为获取最佳的结果奠定基础——依靠技术建立企业资产，采用一些工具，将企业社群与企业联系起来，以传递价值。

　　首先，我们来看看资产（技术实现了什么）和解决方案（技术怎样应用）之间的区别；然后，扩展你对系统的定义，回答如何构建企业的运营系统（这一问题价值640亿美元），并假定目标是根据客户的需要随时提供创新。仅此而已。

把创意变成资产

　　你是否想过，把那些能让你的企业出类拔萃的因素汇聚在一起进行管理？

你的企业之所以出类拔萃，是因为你的认知、行动和方法的共同作用。上一章阐述了你的"已知情况"和"需要知道的情况"。在本章，我们将继续探讨你的企业和企业社群能利用这些知识做什么，以及如何管理你的行事方式。

当保罗·纽曼（Paul Newman）的贵宾在晚宴上对他的沙拉酱竖起大拇指时，保罗·纽曼自然就会做更多的沙拉酱，然后装瓶出售。软件使我们能够捕获到越来越复杂的活动，因此，企业也能够将它们的秘制"配方"装入瓶内。弄清楚事情应该怎么做，把这些过程抽象化并制成普通范例，然后编写代码来描述这一抽象化过程。这是第一步，瓶装处理。

当然，在此过程背后还隐藏着不同程度的复杂难题，但本质其实就是这么简单。

最终获得的软件可被上百万次使用，而只需要极低的额外成本。你可以将其出售给他人，或者授权给他人使用，或者保留所

经验法则：如果你能描述你完成工作的方式，有人就能对其进行编码。

本质——构建软件

对于95%不具备专业技能的普通大众来说，软件开发就像是一个神秘的黑匣子（这个比例不是我凭空捏造的，我曾经就"有多少人从事科技行业"这个问题询问过美国劳工统计局。不幸的是，这种神秘感已经把一些技术人员的薪资提升到了一种不合理的水平。

我保证本书不会超越以下基础界限，即试图把你变成一个软件开发人员。

但你可以通过以下方式创建软件：

1）瞄准一个特定的问题或机会。

2）清楚需要具备哪些条件来解决问题或把握机会。

3）描述所需要的信息和自动化技术。

4）用代码来捕获这些规则、序列、逻辑和公式。

5）摄取数据并且以新形式导出。

6）努力让用户获得最佳体验。

实际上，最后一项是加分项。大多数软件都没有充分考虑用户感受。但忽视用户，苦果自尝。

有权。如果你找到了更好的方法来完成这项工作，你只需要更改代码，并交付升级版本即可。这是第二步，持续改进。

如果你的企业有一个只有少数人知道的"秘方"，那么这个"秘方"将被这些人所掌控。如果他们离开企业，你将面临失去这种独有优势的风险。但如果你能把这个"秘方"编写成软件，你就拥有了

> **摒弃陈词滥调——数字转型**
>
> 起源：2005年左右，当时技术市场正在寻找一种新的术语，以便激发人们对新技术的需求。
>
> 代表的含义：这取决于你从哪里开始，但你的企业可以通过多种方式进行转型。
>
> 请尝试这种方式：只有当它更好地服务于你的企业社群时，才转移到数字信息和自动化领域。

一个可以保护（可能是专利）、改善和大量销售的资产。它会成为一种可以出现在你资产负债表上的资产。

绝大多数企业都在使用会计软件和其他运营系统，但你现在应该拓展思路。使用软件来运营企业的潜力是如此之大，以至于人们很容易错过最佳的投资。换句话说，就是只发明一些能简单外包给合作伙伴的方法，而错过那些能够为你的企业创造独特价值的最佳投资。下面将探讨如何找到这些投资商机，但首先你需要了解资产到底是什么。

创建资产

我父亲是个会计师，他把资产定义为：一种由个人、企业或政府拥有或控制的，希望能在未来产生现金流的资源。

传统的，也就是数字化前的资产定义，是指具有财务、物理属性，以及剩余价值的资源，包括建筑、设备、库存、现金和应收账款等。创新可以以专利的形式（即受法律保护的知识产权）纳入其中。

数字革命因能够"产生未来现金流"而为创建资产提供了新的途

径。例如，将企业中重要的工作规范或者海量数据的直观（大多未被证实）价值保存在软件中。

不管这些事物最终是否会出现在你的资产负债表上，一个企业是其可保护财产的总和这一说法都是正确的。尽管"企业的核心就是其员工"这一观点千真万确，但雇佣法明确规定，当员工找到更好的机会时，企业不能限制他们继续发展。你的每一个同事迟早都会离开。

投资你的企业运营系统，你可以创造更重要的事物。如果你能努力吸引忠实客户，就能创造出市场上前所未有的最佳价值。

就谈这些吧，请参与"知识产权"测试，并简略记录自己企业创造的独特或稀有的东西。

它价值多少？

发明专利是为了保护新创意的商业应用（新的创意，不一定是原创的创意，但值得注意的是，专利属于第一个提出申请的人，而他们并不一定是原创

摒弃陈词滥调——创新

哇，格雷厄姆，你说创新是陈词滥调吗？

千真万确，试着去找到10个赞同这一观点的人吧。如果你对此认同，我将提出以下这一定义：

创新=洞察力+行动

这就是技术的阴阳之道。

"知识产权"测试

列出你的企业所创造的独一无二的东西。如果你列出的项目不到10个，那就增加一些稀有的东西。

如果你列出的项目非常多，那就挑选10个最好的，把剩下的剔除。

不要忽视你提供独特价值组合的可能性。（例如，iPod就是成熟技术的原创组合）

者）问问亚历山大·格雷厄姆·贝尔（Alexander Graham Bell）[○]或约翰·罗杰·贝尔德（John Logie Baird）[○]就知道了。但是对于比较创新来说，专利并不是一个利器。它并没有相对价值的概念。印刷机比捕鼠器更值钱吗？历史会将汽车或智能手机视为更伟大的创新吗？情况并非如此。

重要的不是拥有创新，而是要把这种创新传递给一个有需求的市场。

我将再次暂停，而你将返回到你刚才编制出来的创新项目清单，并进行"知识产权价值"测试。

因此，重要的不是你的清单是长是短，而是你的客户是否注意到了。

> **"知识产权价值"测试**
>
> 描述知识产权清单中的每一个项目为你的客户带来的影响。他们的反应如何？

接下来，让我们花点时间思考一下你可以添加的创新项目。

整体汇总

现在我们来重新回顾本书第四章的"留恋度"测试（第71页）。拿出你当时的测试答案，然后重复练习。（为便于你阅读，已将原测试中的问题列于下方）

如果今天晚上不营业，你的客户会不会留恋？

我是认真的。请仔细想想，你做了哪些事情让客户离开你就无法生

○ 贝尔获得了世界上第一台可用的电话机的专利权。在他获得专利权之前，曾与另一发明家格雷就电话机专利陷入诉讼，后因贝尔提交专利申请的时间早于格雷等原因，法院将专利判给贝尔。——译者注

○ 贝尔德是电动机械电视系统的发明人。——译者注

存？如果"离开你就无法生存"这种表述有点夸张，那么我换个说法，你的产品能否让客户留恋？如果你问任何顾客这个问题（我希望你经常对很多人问这个问题），他们很可能会有以下3种回答。

1）非常需要。我们可能并不愿意承认这点，但没有你的产品我们将无法生存。它消除了我们很大的痛苦，如果失去了你的产品，我们将面临巨大的挑战。

2）还可以。我们购买了你的产品，也正在使用，但我们也一直在考虑寻找替代产品，只是目前还无暇顾及此事。

3）不需要？哦，没错。事实上，我的老板（或配偶、父母）一直在提议是否可以削减一些成本，让我和我的团队核实一下，以确定我们是否要继续购买你们的产品。

这一步骤非常重要，不能跳过。请你再次参加"留恋度"测试，总结出清单以备日后使用。

大多数健康的企业仍然正常运营，是因为有很多人心甘情愿地购买企业提供的产品和服务。

这是我所知道的最好的方式，来定义你自己版本的"秘方"。

让我们来看看你的客户是如何使用你的秘方的。他们很可能要完成以下工作——与祖父母分享孩子的照片、谈论昨晚的派对、处理工资单、增加投资组合、按时交货等。这些都是人们觉得需要完成的工作。正如本书第二章所

> **重做"留恋度"测试**
>
> 写一句话来描述一下类似于"如果今晚关店，你的客户会不会留恋"这类情形。如果你有很多这样的例子，把它们全列出来。

"哇！再说一遍，格雷厄姆。"

信任法则：你和你的业务是客户旅程的一部分。

说的，我们总是习惯于使用更好的工具在一天中完成更多的事情（或者以更短的时间完成同样的事情，并有更多的时间来冷静思考。诸如此类）。

因此，你和你的企业都是客户旅程的一部分。

你在产品的售前、售中和售后所做的每一件事，都会对客户产生影响。如果你提供简单的服务，最好让客户的工作也简单点。为什么续签驾照、提交保险索赔或与律师通信如此困难？（很抱歉，拒收电子邮件）

即使你提供了较为复杂的服务，也应该让它变得容易一些。想象一下人们在Twitter、Facebook或Reddit上表达对你的感谢：

"你治好了我的肠易激综合征，我现在感觉神清气爽。真是好极了，我爱你。"

"过去我处理工资单要花好几天，但现在只需要一个小时。我有更多时间去打高尔夫了。"

"因为房子被烧毁，我们都感到崩溃，但你们的理赔部让我的心情好多了。"

也许最后一句有点夸张，但你才会领会要点。你对上述内容有何理解？

我问这个问题，并不是为了要求你们创造一个新的愿景和使命，而是因为我认为你需要找到为客户服务的最佳方式；如果你只是单一地关注某些步骤，则无法达到目的。如果你这样规划你的企业，只会创造出更多的筒仓⊖。

⊖ 指各自为政的部门。——译者注

消除筒仓

任何有两名以上雇员的企业都有发生筒仓行为的风险。企业花了很多时间来消除其组织文化中的筒仓，而筒仓却在次年出现。

但今天真正能给人带来最大挑战或机遇的筒仓，位于你企业的边界。如果你只是关注那些连接企业和跨越筒仓的商业系统时，就没有抓住重点。

在本书第四章，我曾说，你的企业是一台为你的社群服务的机器。你的社群包括你的客户、同事、合作伙伴和供应商。阅读到此，我想你已经同意了我的观点，所以在这里我们进行一下自然拓展：

> 这里真正的系统是连接你们社群的系统。

接下来要讲的是系统思维，所以很重要的一点是我们要设定一些界限。

企业内部的无人机

你有没有注意到现在的电视节目中有很多俯瞰镜头？其中有些镜头具有不可思议的高度和范围。我第一次注意到这一点是在几年前，过了一段时间我才意识到，导演们已经为当时全新的无人机技术找到了一种极佳的应用方式。那么以此推论，我可能也找到了一种极佳的应用方式。

是时候去打开你的整体思路了。想象一下，把你的无人机放在公司停车场，打开运动摄像机，然后控制无人机起飞。无人机穿过二楼的接待处、财务部、产品开发部、市场部和会议室的窗户（无论在哪层楼）。飞到屋顶上时，就能看到客户出现在地平线上。让无人机继续向上飞，你就能清楚地看到你的商业社群的全景。这可能是一个关于技术的比较牵强的类比，但我喜欢它。

我们回到大O模型，现在我们很清楚，企业可以被划分为三大基本功能：销售、交付和支持（见图8-2）。

图8-2　企业的三个基本功能

将其放在你的企业社群背景中，你将得到如图8-3所示的内容：

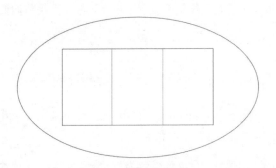

图8-3　市场社群概览图

现在请想象一下接下来的工作。毫无疑问，你已经非常熟悉企业内部的活动了。通过产品开发制造新产品，通过营销发现潜在客户，通过销售与客户建立关系，来实施交易、完成订单、交付产品和提供支持，通过财务系统来监督资金，简单而且通用。你的企业会有自己的不同点，或许还会有一些小瑕疵，但总体是正确无误的。

在你的大O模型上画出这些连接，如图8-4所示。

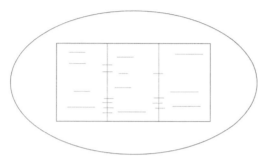

图8-4　企业的内部工作

你真的在解决客户的难题吗？

接下来，把你的注意力转移到代表你的社群和你的市场边界的圆圈上。在此处，有些人已经成为客户，而有些则是潜在客户。当你完成"留恋度"测试后，你列出了客户的需求。现在你要明确如何去满足客户需求，以及如何匹配客户旅程（见图8-5）。

你的客户每次需要的时候，都会下一个新订单吗？如果你为建筑承包商供货，当项目开始后，他们并不确定是否需要你的商品，但是现场施工经常会有突发情况。他们是否曾惊慌失措地给你打电话，要求紧急运送一些他们需要的东西，以便继续施工？他们是自己亲自来拉货？还是你能在两个小时内把货送到？

还是说你的客户只购买一次，然后多次使用？也许他们会租赁软件，并预先支付1年的订阅费。如果能让他们更便捷地订购，并给予他们最大的支持，那样会更好，不是吗？

无论你的企业是何种客户旅程，你都可以通过为客户解决难题，来

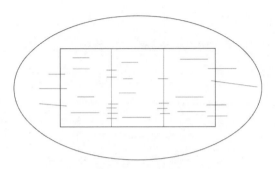

- 客户在线查看价格
- 客户来电商谈折扣
- 销售人员给客户回电话

······

图8-5　企业内部和外部的工作

提供更优质的客户服务。这就意味着满足客户的最低需求（见图8-6），让他们能掌控自己的命运。最后的工作就是向客户供货，以优质的服务吸引客户购买。

　　我喜欢这条经验法则，它意味着企业从原点（比如客户产生需求）到终点（满足客户需求）完成一个流程时，接触点越少越

> 经验法则：接力棒传递的次数越少，掉落概率就越小。

好。由技术驱动的精心设计的生态系统，为你提供了一种在不失控的情况下减少接触的方法。

　　我们听过西奥多·莱维特（Theodore Levitt）的比喻[⊖]，没有人真

㊀　西奥多·莱维特曾说："客户要的不是直径5毫米的电钻，而是直径5毫米的钻孔。"——译者注

客户的拼图难题

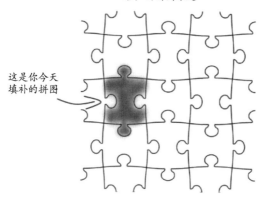

这是你今天
填补的拼图

图8-6　你今天解决了客户的哪个拼图难题？

正想要电钻，他们只想要钻孔。我曾经认为这个比喻过于倾向存在主义，但将它应用于许多企业后，我看到它引发了一些不同寻常的讨论。

金融科技（Fintech）⊖就是这种整体思维的鲜活范例。过去，银行曾认为，我们真的想去他们的分行，排着队，看着其他客户办业务，然后再等着银行工作人员告诉自己需要做什么，并支付费用来获取办事特权。在没有其他选择的情况下，这一切都没有问题，但事实证明，许多人更喜欢一种更好的方式，那就是我们可以全天候地随心所欲地存取资金，不用忍受风吹日晒去排队。金融科技能够为我们提供低成本服务，也就意味着我们可以花费更少。

在撰写本书时，已有370亿风投资金投入金融科技，其中美国的四大银行投资了250亿。虽然我们无法根据预算来衡量或比较效率，但很明显，创新既来自颠覆者，也来自被颠覆者。

⊖　"Fintech" 由金融 "Finance" 和科技 "Technology" 两个词组合而来。主要是指那些可用于撕裂传统金融服务的高新技术。——译者注

你所处的行业中的类似案例是什么？请拿起你的笔，你现在就要解决客户的难题了（右侧专栏）。10分钟后见。

搞定了？太棒了！现在脱离你的客户角色，让我们从一个整体的角度来看这意味着什么。如果你是你自己企业的客户，那么你就会清楚自己愿意以怎样的方式与你的企业打交道。你可以抛开任何对内部流程的顾虑、对详细财务数据的会计需求和对额外客户数据的市场需求等因素。这些虽然对你的企业很重要，但对你的客户却无关紧要。如果你让我回答对我没有益处的问题，我很可能会感到不悦。

> **"解决客户难题"测试**
>
> 闭上眼睛，想象你就是一个客户，在进行日常工作。突然，你产生了一个需求，需要企业来满足。
>
> 面对这种情况，你作为企业应该怎么做呢？下面的问题可能会有所帮助。
>
> 忘掉它今天的工作方式，想想：
> • 客户什么时候需要你？
> • 当他们需要你的时候他们想做什么？
> • 客户什么时候知道自己的需求已经得到满足？
> • 此外，你还能为他们做些什么？

复制下面的模板。现在，你可以跨越企业的边界，针对每一次为满足客户需求而进行的工作进行改进，主要有以下几种：

1）在网上下单。

2）付账。

3）研究如何让客户更快捷、更经济和更有信心地完成工作。

4）接受帮助。

5）让你的客服人员与客户进行聊天。

最后一项服务是否进行由你自己决定，毕竟与客户交朋友利弊皆有。

标记每条线。图8-7的模板为此提供了空间，但你自己可以随意标记，只要别人能理解你的笔记内容。

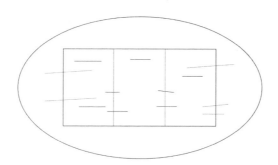

● 客户在线查看商品折扣；

● 客户选择数量并点击"购买"。

……

图8-7 更快地跨越边界的工作

我不希望你好高骛远，所以不要花5分钟以上的时间去捕捉每一条线。

完成了？恭喜，你刚才已经描述了你对客户的最佳体验的看法，这也是你想要的结果。我建议你请几位同事分别参与练习，然后大家聚在一起来比较笔记。

然后你可以询问一些客户，采纳他们的创意。如果你让他们提供一些最好的经验，并列举一些鼓舞人心的案例，我保证你会找到一种能改善现状的好办法。

谁在控制这里？

要向客户交付价值，需要很多人付出努力做大量的工作。以无人机的俯瞰视角来审视你的企业社群，可以让你清楚哪些人在什么时间以及采取怎样的方式来实施哪些工作。

大多数企业都是由内而外发展起来的。创始人们（从爱迪生到扎克伯格）先是产生创意（似乎通常是在他们的车库或卧室里），然后对其进行测试（先在实验室，然后在市场上），并根据所需要的规模来制订运营方案。而这往往意味着企业是在匆忙中创建的，几乎没有时间进行设计思考。需求是必需的，但在企业发展过程中，我们需要停下来思考以下问题：

> 如果我们重新开始，
>
> 知道我们今天所知道的一切，
>
> 我们会怎么做，
>
> 我们什么时候那样去做呢？

很有诗意吧？好吧，我不会放弃我的日常工作。

你可能会问，什么时候做这件事最好？只要你能给合适的人一些时间考虑一下。让我们来看一个对所有企业都通用的简单流程，来探讨它在你的优先事项清单中的位置。

> 种一棵树最好的时间是10年前，其次是现在。
> ——丹比萨·莫约
> （Dambisa Moyo）

请注意顺序！

到目前为止，我们一直是通过望远镜来观察你的企业。虽然我不希望你拿着显微镜来阅读本书，但如果你不花一点时间深入研究，就等于否认了细节的重要性。如果你根本无法处理这些细节，请跳到下一节，但你将错过一些内容。

如图8-8所示，如果企业要把他们所做的工作画出来，每一个企业都可以从这个三步图着手：

图8-8　三步图：寻找客户—接受订单—交付产品

在每个方框内，我们最开始都是进行一些输入（信息和对象），经过一些神奇的处理，然后传递、输出（新信息和修改过的对象）。许多企业都是闭环的。

下面，让我们深入研究一个非常普通的例子，也就是订单处理程序。它需要完成以下4个步骤：

1）接收客户选择的信息。

2）接受订单。

3）安排付款。

4）交付产品。

如果你厘清其在一天的工作情况，可能如表8-1所示。

表8-1　订单处理程序

要完成的工作	客户行动	员工行动	工作量（分钟）
接收客户选择的信息	发现库存少，甚至零库存		30
接受订单	在营业时间给你的企业致电并订购	通过电话采集客户信息并输入系统。关键是不要输错地址	20
安排付款		询问信用卡详情	2

续表

要完成的工作	客户行动	员工行动	工作量(分钟)
安排付款	提供付款信用卡		5
		输入信用卡详情(如果系统运行慢,可以先记录到便利贴上)	5
交付产品		在出货日打印出货需求单,并将其送至仓库	10
	4天后打开他们的邮件		2

如果你想努力减少总用时,可以做出以下改变:

1)让客户在线填写订单,给予客户更多自主权。允许他们24小时在线下单,并且让他们知道你会根据你的员工模型,给他们带来巨大的转变。你可以通过简化订单流程和自动执行某些步骤来让客户的购买更加简单,并能验证他们提供的信息,以避免日后频繁地修正错误。

2)你的员工将收到订单通知。如果没有问题,该通知就是告知他们订单已经进入运输流程。如果出现复杂情况,或者付款需要人工处理,你的员工会处理完毕之后再进行确认。这样就确保了信息在客户和员工之间尽可能有效地共享——通过信息渠道传递洞察力。

3)无论订单是简单还是复杂,你的运输团队都将收到通知,并开始实施交付流程(采用数字或实体形式)。这样就确保了信息在客户和员工之间尽可能有效的共享——更多信息渠道。

任何在过去20年里从亚马逊订购过商品的人都熟悉这个过程。亚马逊很早就涉足网络购物领域,早在20世纪末就申请了一键订货的专利,成为专业的电商。然而,几十年后,仍然有许多企业无法解决简化订单("方便购物")的问题。

前不久,我从亚马逊买了一个小装饰品,5小时后它就出现在了我的家门口，比预定日期早到一天。你有过这种经历吗？你的企业是否也实现了这种客户体验？毫无疑问，你能做到。

如果你想要一个更好的方法来做这件事，那就是重新开始，掌握你的已知情况，研究客户的购买习惯，并在客户准备下单时给予温馨提示。工作分配如表8-2所示。

表8-2　改进的订单处理程序

要完成的工作	客户行动	员工行动	工作量（分钟）
接收客户选择的信息	确认事实下单订购	得到通知，客户可能面临库存少的情况。需要确认	1
接受订单		查看邮箱	1
安排付款		使用存档卡片开账单	1
交付产品	次日查看邮件	系统在次日自动执行发货	0~2

在这个简单的例子中，我们用了24小时，把一个需要74分钟才能完成的并且延误工期4天的项目，转变为一个5分钟即可完成的简单事情。

当下单时，我感觉亚马逊可能在我准备下单之前，就已经给我发货了。如果你的企业也能做到这样，那就恭喜你了。如果这让你感到震惊，在你读第十章之前，请不要嘲笑，因为那正是你的努力方向。

如果你把客户视为系统的一部分，理解你在他们的旅程中的位置，并看看这些先驱者如何改变他们客户的生活，你会想到什么创意？完成"你的订单"测试，说说你认为的更好的方式是什么。

这需要好好思考，所以给你20

> **"你的订单"测试**
>
> 请按照表8-1中"要完成的工作"一列的顺序执行！以自己为例，记下当前的步骤，在表的右边再留出三列。现在使用客户、员工和工作量这三列来说明今天发生的工作。
>
> 接下来，列出你可以进行哪些改变，来增加你的客户管控，减少那些让你的员工感到头疼的工作，以及减少所有人的总工作量。

分钟的时间。

好吧，你想出了什么？

通过这些方法，你可以为客户提供工具，来完成他们需要做的事情，减少他们的棘手工作，并分享他们第一次正确完成所需的所有信息。

例如，购买体验的三个层次可能是：

1）在线自助服务——比如亚马逊和很多其他公司。

2）让客户相信你建议的订单——"其他人也购买了"。

3）预先批准你建议的装运（例如，Stichfix⊖）。

在我们继续讨论如何行动之前，让我们回顾一下此部分的内容。

1）你的企业存在的意义就是满足客户需求。

2）你的工作是客户每天工作的一部分。如果你融入他们的旅程，他们会更忠诚。

3）为了这样完成工作，你需要了解客户旅程。

4）为了超过你的竞争对手，你应该给予客户更多的管控权。

经验法则：转移问题并不能从根本上解决问题。

5）想想你分配的工作，把工作交给合适的人去做。可以是你的客户、同事，甚至是供应商。

这是一种整体思维，要围绕你的企业社群来制订计划，而不是局限在企业内部。

⊖ Stitch Fix公司，一家美国时装电商平台，致力于利用数据分析软件和机器学习来匹配用户不同的定制服装需求。用户按需订购服装或申请每月、每两个月或每季度交货。——译者注

打造你的运营系统

技术的"三只小猪"

我们构建技术就像盖房子，需要打地基、砌墙、加装屋顶（事实上，技术并不真的需要一个屋顶，但我不想破坏这个类比）。

我在本书第二章曾提及技术堆栈，即我们堆砌起来的硬件和软件砖块，用来构建今天几乎所有的技术。企业的运营系统也是一样的。

几乎所有的企业都在使用某种技术，但许多企业没有运营系统——一组能实现协同工作，并且使企业顺利运营的工具。在构建企业运营系统的过程中，有些使用稻草（极不稳定的网络连接和崩溃的系统），有些使用木头（孤立运行的系统），有些使用砖块（连接企业和企业社群的坚固部件）。

做个"吞吐"测试看看你企业的现状。

这个看似幼稚的练习，只是为了确定企业的现状。

你的企业可以在这三间房子中的任何一间经营，但是稻草房子无法让你抵御狼群侵袭，用木头搭成的房子无法适应变化的风向。

没有任何企业需要在每一个领

"吞吐"测试

你企业的运营系统是否每个月崩溃一次以上，并且导致以下问题：

- 团队因系统崩溃而失去生产力；
- 系统缺陷会导致出错和返工。

是？那你就是住在稻草房子里面的第一只小猪。

否？那么再问你，你的系统是否无须人工干预，就能与其他系统传递信息？包括：

- 客户自己下订单；
- 订单通过快速审批，即可进入发货。

否？那你就是住在木头房子里的第二只小猪。

是？好极了！你是住在砖房里的第三只小猪。

域都出类拔萃，但每一个企业都要能在某些领域做到最好。我们稍后再来讨论这个问题，但首先，让我们看看你可以使用的砖块。

供你使用的砖块

商业系统已经发展了很久。第一次浪潮解决了部门职能的分配问题，因此可用的系统可以很好地映射到你的组织结构图上。

你的企业已经拥有了一些技术砖块。你的财务系统就是一个砖块（可能有好几块，总账、应收账款、应付账款、固定资产、预算等）。这同样适用于你的客户关系管理系统（销售、支持），如果没有几个电子制表软件"系统"，你的企业实际上将会显得格格不入。

这对于实施解决方案以使各部门正常运作有很大益处。当第一次浪潮仍然活跃的时候，第二次浪潮已经开始关注连接（或者说整合）各个部门来创建企业系统集合。事实证明，这是一项更为复杂的工作——想象一下用不同形状和大小的砖块建造一座房子。几乎没有哪家企业真正掌握了复杂的商业系统。

由此，业界开始兴起推销企业系统，通常称为企业资源规划系统。虽然这种描述不尽完美，但技术营销不是一门精确的科学。这些系统是集成式的，并向客户承诺实现"无缝集成"，但其实现过程颇为复杂。想象一下，用一块巨大的砖块盖一座房子——当其安装到位时看起来很漂亮，但是运输是个麻烦事。而且让人不知如何参与。

另一种方法是将许多较小的砖块组装到一个框架中，这样就可以把重点放在构建良好的连接物上（如果你愿意，可以使用水泥）。而这也意味着，随着时间的推移，会有许多较小的项目分散开来。既然你已经阅读了我对最简变革的观点（第147页），就会知道我认

本质——系统思维

系统思维关于正确规划边界，并考虑到一个人在其预设范围内的行为后果。这是蝴蝶效应的表现。

追踪这些结果需要你将边界内的点连接起来。如果有任何连线跨越了边界，就要重新画，或者更可能的是，你只需要弄清楚，在那个边界处哪些需要留下，哪些需要归还。

系统思维是一个非常有价值的工具，可以让人们从更广阔的视角来定义整体性，并可以启发全新的洞察。这些洞察会指导你的商业设计，以及你所使用的技术工具的结构。

下面是来自德内拉·梅多斯（Donella Meadows）的一个更为复杂的定义：

"系统思维是一种整体的分析方法，它重点研究了系统的各个组成部分之间是如何相互关联的，及较大型系统背景下的各个系统是如何运转的。系统思维方法与传统的分析方法不同，传统的分析方法是将系统分解成不同的元素来研究系统。系统思维可以应用于任何研究领域，并已被应用于医疗、环境、政治、经济、人力资源和教育系统等许多领域。"

为这是一个优势。这种方法使一个真正的敏捷组织能够在需要的时候构建它需要的东西，并且能够根据市场需求随时调整。

> 信任法则：大处着眼，小处着手。

毫无疑问，这种方案需要时间，但是对于那些试图在一个大型项目中把自己的企业硬塞进一个庞大的企业级系统的人们，会认为这种方案更为简便。

把"砖块"视为资产

科技为企业提供了无数的建筑砖块，表8-3中就是一些实例。

表8-3　普通砖块、专业砖块和独有砖块

普通砖块	专业砖块	独有砖块
财务	理赔（保险）	风险建模知识产权
客户关系管理系统 （销售、支持）	健康档案（医学）	组合
网站	计算机辅助设计（工程）	嵌入式软件
电子邮件和微软 Office 软件	零配件（服务）	一键命令
聊天（放松）	需求（制造）	将人工智能应用到你的数据库
计划（项目）	服务（咨询）	将人工智能应用到客户数据库
基础安全	高级安全	
电话	平板电脑（现场人员）	你能想出更多吗？
笔记本电脑和台式电脑	机器对机器⊖（设备管理）	
存储	人工智能（寻求大数据中的意义）	
网络		

　　现在，请你翻看一下之前所做的"知识产权"测试和"留恋度"测试的笔记，再浏览一下上面的表格，看看哪些砖块可能会让你的企业在竞争中脱颖而出。剩下的哪些工具是具有价值的"标准"工具？

　　我希望你能认识到，普通砖块就是一种商品工具，你可以把这些砖块直接应用于目前的流程。此外，你不用固守完成这些事情的方式，而是可以考虑采用这些工具提供的方法。例如，创新型财务方法往往不受欢迎，而销售本质上不就是卖东西吗？如果你能按照我的建议去做，就会发现，你无须在这些领域投入宝贵的创新思维，而且将会接受这些砖

⊖ Machine to Machine，简称M2M，指通过移动通信对设备进行有效控制，从而将商务的边界大幅扩展或创造出较传统方式更高效率的经营方式或创造出不同于传统方式的全新服务。——译者注

块提供的"标准实践"。

通过这种灵活性，你就可以为基本业务功能提供现成的解决方案，将更多的注意力集中在专业功能上。而且它具有战略意义，你可以构建属于自己的独有砖块。

当构建了自己的独有砖块后，你就创造了资产。

堆放你的砖块

显然，你不能只把这些砖块扔到空中，然后看它们如何落下来。你的商业系统体系结构如图8-9所示。

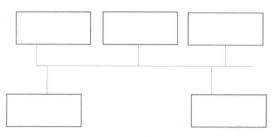

图8-9 待确定的砖块

普通砖块往往具有强制性：你需要财务，从销售订单中获利，还必须通过文档、电子邮件、语音和文件进行沟通联系（见图8-10）。

图8-10 通用砖块

这些系统为你的商业技术奠定了基础。这些是必要条件，但还不够——如果还没有建立健康的平台，你应该首先考虑购买全新的或升级版的系统。

你的平台中具有独特性将对你有益，这意味着你将拥有完全独特的砖块。我们将在下一章讨论如何对这方面进行投资。

我们最后再看一下图8-11这个简单的图。将各个系统连接在一起的线路是企业的信息渠道，用于产生洞察力；在信息渠道中，信息和活动汇集在一起，可创造企业的最佳资产。

图8-11　重点关注具有独特价值的砖块

你销售的砖块

当你基于这些砖块来思考自己的业务时，同时也要思考客户的业务。我们所说的"你是你客户旅程的一部分"意味着你的系统或产品也是客户系统结构的一部分。请思考这两个问题：

- 你在客户架构中的适应性如何？
- 你处于他们的普通砖块、专业砖块、独有砖块表中的哪个位置？位置越靠右，你提供的价值就越多。

不要恐慌——有关升级的说明

此时此刻，你可能对升级企业系统架构的前景感到恐慌，或是不屑一顾，认为自己已经掌控全局。不管是哪种情况，我希望你能积极地去面对。因此，下面我将告诉你如何实现这点。

你首先应该认识到，你可以用现有的砖块取得很大进展。

这就对了！倒洗澡水的时候别把孩子也倒出去！

事实上，进一步说，你需要找到一个非常好的理由去改变现有的建筑砖块。这需要通过几个步骤才能完成。

所以请喝杯咖啡，冥想一会儿，然后继续阅读。

到什么程度才算足够好

减少、重用和改造——通过这些工作来停止、扩展或重构项目

发明新事物很可能是竹篮打水一场空，因为新的流程已经很难创造。至少，对于你的企业具有独特性的流程少之又少。这对你来说是一种慰藉，因为如果要从零开始开发软件，并且要进行维护，将需要昂贵的成本。

在你准备实施作业或流程之前，需要回答以下三个测试问题：

1）减少——这项工作真的有必要吗？我可以减少或消除对此的需求吗？

2）重用——这项工作和其他工作一样吗？我可以重新使用他人已经创建的软件吗？

3）改造——这项工作中是否有我的客户真正关心的独特价值？

只有你对三个问题的回答都是"是"，你才能开始开发自己的软

图8-12　把这张海报贴在墙上吧!

件!毫无疑问,很多企业都会做出肯定回答,包括所有成功的软件企业,及任何行业中任何采用独创且有价值的方式来完成工作的企业。

　　然而,问题在于,许多企业试图将自己的软件用于非差异化的工作。这类工作有很多,比如会计相关工作,及大多数与沟通相关的工作(如销售和支持)等。要运营自己的业务系统,就要购买业务系统,并进行定制,因为你需要完全按照惯常的方式做事。

　　　　　　你无须完全按照惯常的方式做事。

　　那么,在何种情况下你可以开发自己的软件呢?以下是判断方法。

　　如果你的客户会在意工作方式的改变,那么你应该考虑采用合适的工作方式。如果他们没有注意到,他们就不会在意。编码或定制时要谨记:

　　1)避免伤害你的客户。

　　2)让客户感到愉悦。

　　当你将软件放在客户面前时,他们不仅能看到软件本身,而且会发现软件定制带给他们的好处（见表8-4）。任何涉及耗时的自动化工作的生产过程，都可以通过专有软件来加速，实现更快的交付速度和更高的利润。制造、咨询和配置，都可以通过这种加速而受益。

此时，仍有很多选择和机会摆在你面前，你感到不忍舍弃，除非不得不去选择。这里再为你提供一种筛选方法，你可以通过询问"你在哪些方面需要追求最佳"来进一步缩小范围。

表8-4　考虑为加速项目和独有价值构建软件

	标准实务	加速项目	独有价值
购买与构建	购买、最简定制	购买或构建	构建或购买、定制
范例	商品流程 财务 订单 船运 沟通 销售跟踪 服务跟踪	咨询效率 更快的制造 产品配置 入职	知识产权 客户体验 可获得专利的项目

在哪些方面需要追求最佳？

让我们来看看你企业中的一个例子。做"你的活动"测试，当你做完后我们会看看结果。

我特别讨厌"最佳实践"一词，不是因为概念，而是用词。在每一个行业中，都有一些只有成为最佳才具有价值的领域。但通常情况下，只要达到"良好"就足够了。

就像许多科技营销术语一样，最佳实务是一种善意的陈词滥调。谁说这些实务是最好的？这是个很动听的定义。对谁最好？这种"最佳"是不是对于每个企业都同样适用？我会让你知道它们对我来说是否是"最佳"选择。

"你的活动"测试

首先，画出你自己的"三步图"，在每个方框中留出足够的空间。然后在每个方框里写下你的企业完成的所有不同的活动，每个活动用一两个词语表述即可。不用过多考虑，直接写上去。5分钟后，你会惊讶于自己已经写满整页。如果某个方框内留有更多空间，可能是你理解上的空白。花5分钟和同事一起填补更多的细节。

恭喜，你刚刚创建了一个活动清单。你的企业所做的大部分工作，就是为你的客户提供价值。

现在选择一个职能，随便哪个都行，但如果是你最熟悉的职能就会最简单（这点毫无疑问），比如销售。是时候让世界变得更简单了：

1）删除任何与销售产品无关的活动。这些活动能被丢弃吗？

2）圈出对销售过程贡献最大价值的活动。如何优化这些？

再次恭喜，你已经迈出了改善经营的第一步。

要注意，不要被"以最好的方式去做某事"这种承诺所吸引，因为这往往是不必要的，也会让你分散精力。看看以下四种选择。

1）减少、停止：逐步减少——与你的业务不再相关。

2）足够好：保持现状。

3）改进：尽量改善——持续改进大有益处。

4）精益求精：努力做得最好——要么成功要么毁灭。

你已经知道自己的企业和竞争对手的区别、客户需要供应商提供什么。对于这些，你应该付出努力追求佳绩。而这意味着不要试图在每件事上都做到最好，而是知道在哪里集中注意力会使一切变得不同。

请参加"在哪些方面追求最佳"测试，来找到你的工作重点。

为了增添趣味性，你可以继续将所有的主要业务功能填入这张图表内。你会把销售流程、财务、产品设计、市场营销、分销和支持放在哪些位置？你的企业还有哪些其他的特殊职能，你会把它们放在哪里？当你完成后，你会得到图8-13这个示范图。

如果你的图表是有偏重的，就像你在追求完美事物时，不得不后退来进行一些妥协一样。你只能在少数事情上表现得尽善尽美。那么它们应该是哪些事情？

请注意，我并没有要求你把技

"在哪些方面追求最佳"测试

回答以下问题，找到你的重点工作：

1）如果今年你的业务能在5个方面有所改善，你的客户会最欣赏哪3个？

2）在你所处的行业中，对于所列的每个方面，哪个企业做得最好？

3）你的企业需要做到多好？把每样东西写在适当的"需要多好"图中（见图8-14）。

瞧！现在你一定明确任务了。

术放在这张图表上。你需要伟大的技术吗？不！你真正需要的是把一些事情做得很好，如果科技能帮你实现目标，它就是重要的因素。

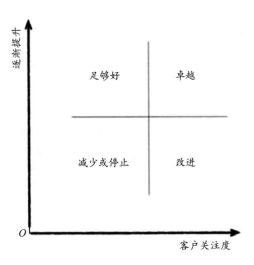

图8-13　需要多好

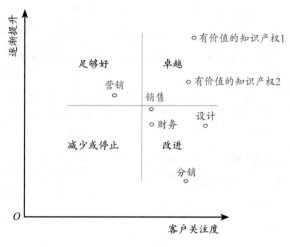

图8-14　需要多好（范例）

只要你阅读本书，你就会明白以下内容。

如何变得优秀，如何脱颖而出

保存好这个四格图，下一章我将阐述如何使用它：

减少或停止：技术可以帮助你自动执行一些让你头痛的工作，以便让你的团队把重点放在更有价值的工作上。注意不要编制过多的报告，这些报告不仅费

信任法则：你不需要伟大的技术。但你可能需要在某些技术领域表现优异。

谁能获得投票？

把"客户关注度"作为唯一的标准，可能看起来有点简单化（但也仅仅是"有点"而已）。你还可以针对"股东关注度"实施同样的快速练习；如果你在一个受监管的行业中，还可以针对"监管机构关注度"来运行它以保持合规。那么谁会获得投票呢？

无论你采取怎样的方式，都可以很容易地得出结论。

时，而且毫无价值。

改进：技术可以帮助你编写规则、简化模型、与外包商合作。

优秀：从合适的供应商处购买解决方案，分享他们的标准实务，并与其他客户分摊升级成本。

完美：根据你的情况，尽快投资于一流的技术。如果这种技术有可能成为你的王牌武器，那就基于现有的技术来构建属于你自己的独有技术，其具有内置安全屏障，将你的竞争对手拒之门外。

现实点——"我们的业务太复杂了。"

我在这里提出了一个整体设计的方法，我希望它能为你和你的团队带来新的启发。在我们继续讨论之前，我想谈一谈这个方法的实施过程。

几乎没有哪家企业会跟我提供的范例一样简单。新企业的一个优势是，它们可以实现简单的运营，这种情况可能会持续几年。而任何成功的企业都将长盛不衰，而且随着企业发展，复杂情况也会随之增多。

由于本书只关注技术成功的一般技巧，所以我将不花费更多时间与篇幅去深入探讨。

所以，现实情况并不简单。因此，这使许多企业不再后退，总是努力从他们的"传统"模式中寻求更多途径。在此，我想强调：

这并不像你想象的那么难。

就像其他事情一样，这不是预算问题，而是优先级的问题。Basecamp团队每4年就要重新编写他们的软件产品。每一次都提供全新和优化的设计，把他们的最新知识纳入其中。想象一下，如果你能把你的全部所学都投入到下一代业务中去，你会取得什么成就。

你完全可以做到。你所需要的只是让你的员工能从日常工作中抽身出来，执行高效的流程，进而提供可实施的创意。

当企业被他们的传统式经营拖累时，就需要后退一步，认真思考对策。

如何持续改进

你是愿意每周去三次健身房，坚持20年，还是愿意做心脏手术呢？

持续改进是一个漫长的过程，我想可能会持续一生。从本质上说，你只要清楚自己所处的位置和未来的目的地，你最终会明确下一步的方向。这里所说的"最终"可能是下个月、明年，或者当你退休的时候，但下一步永远是你从现在的位置迈出的第一步。

本着这种精神，让我们来看看针对你企业的技术之旅的一种思维方式，它可以帮助你明确现在、下一步和最终需要做哪些事情。

创新阶梯

想象在通往你目标的道路上架设了一个阶梯（见图8-15）。你可能处于第一梯级，或者第二梯级，甚至是从顶端开始的第二梯级，不论在哪儿，只要你清楚自己所处的位置即可。

图8-15　三阶创新阶梯框架

最底层梯级是你的基础——必要的基础阶段。在你的创新平台的背景下，它包括安全、高效和低成本的计算（网络、服务器、设备），大多数行业的基本工具（电话、电子邮件、办公软件），以及支持基本运营程序（财务、销售和企业的特定职能部门）的可靠业务系统。这些都是众所周知的基础。它们没有必要十分完美，但一定要确保可靠。如果你总是不停地维修第一梯级，你就不可能再往上爬。如果你把基础打好，就可以继续往上攀爬。如果没有做好，那么你的下一步工作就应该是把这些基础工作落实到位。再次强调，达到优良即可，不必追求完美。

下一梯级是加速阶段。许多操作程序将实现自动化，以减轻那些让员工感到头疼的烦琐工作，信息将被交付给分析专家，洞察力也将得到共享。如果其中某个流程需要更好的安全性或更快的计算，它们将被纳入购物清单——永远不要让伟大的软件因为缺乏硬件支持而失败。根据竞争对手的情况，你可能会从这个梯级开始脱颖而出。更快的交货、更好的服务、更有效的咨询和更高质量的产品，都可以通过这些条件来实现。

第三个梯级是顶层梯级。我认为它更像是一个梯凳而非一个真正的梯子，不过这样爬起来比较短，对吧？如果说你的客户在第二梯级时，没有认识到你的技术堆栈的利益，那么他们现在肯定十分清楚了。在这里，你的技术将连接你的企业社群；你的客户将因为你的洞察力而受益，并掌握自己的命运（嗯，至少他们能够自己下订单）。任何你能描述的知识产权，都将被纳入软件并大规模出售。根据市场需要，你可以通过安全审计，并持有证书来证明（见图8-16）。

高速阶段	与客户建立联系 广泛分享洞察力 将知识产权纳入软件 审计安全流程
加速阶段	操作流程自动化 减少让人头疼的工作 分析与洞察力 信息渠道 安全策略与技术 网络与服务器升级
基础阶段	销售、生产和财务系统 电话、电子邮件和 办公软件 高效的员工工具 安全基础 服务器、虚拟主机 网络

图8-16　创新阶梯各阶段内容

创新组合

攀登创新阶梯需要时间，如果你处于最底层的梯级，可能需要花费数年才能爬到顶。

当然，诀窍在于确定你的最佳赌注——那些能为你的目标实现最大飞跃的小步骤。它们散布在梯子的各处，只要你能明确下一步并不断评估机会（即敏捷风格），就会避免一些不利投资（见图8-17）。

思考一下你的创新投资组合。它的未来发展方向怎样？你下一步会做什么？我们将跟随这个问题进入下一章。

汇聚你的思想

第七章和第八章已经为你的企业奠定了设计思维的基础（被称为商业设计）。一直以来，你都只关注那些在技术支持下可行的概念。技

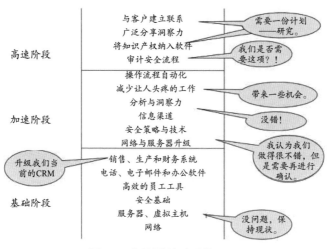

高速阶段
- 与客户建立联系
- 广泛分享洞察力
- 将知识产权纳入软件
- 审计安全流程

需要一份计划——研究。

我们是否需要这项？！

加速阶段
- 操作流程自动化
- 减少让人头疼的工作
- 分析与洞察力
- 信息渠道
- 安全策略与技术
- 网络与服务器升级

带来一些机会。

没错！

我认为我们做得很不错，但是需要再进行确认。

升级我们当前的CRM

基础阶段
- 销售、生产和财务系统
- 电话、电子邮件和办公软件
- 高效的员工工具
- 安全基础
- 服务器、虚拟主机
- 网络

没问题，保持现状。

图8-17 你的创新组合最佳匹配

术能传输信息，激发洞察力，将工作转移到你的企业社群中的最佳位置，并自动化执行任何可以制定规则的事物。

但我们实际上还没谈过技术。为了与本书的主题保持一致，本书最后两章将对此进行探讨。

如果通过这几章的学习，你能为自己企业的发展产生一些令人兴奋的新创意，那么你现在肯定在思考如何才能实现这些创意。

让我们在这里花一点时间，用"脑电波"测试（右侧专栏）来捕捉这些创意（如果到目前为止，你

"脑电波"测试

想想自己在本章和上一章完成的任务，并在这里按你认为最合适的顺序，列出你的新洞察力和创意。

1）_____
2）_____
3）_____
4）_____
5）_____
6）_____
7）_____
8）_____
9）_____
10）_____

由于担心创意无法实现而束缚自己的思维，那么现在请抛开恐惧，为这次测试进行疯狂的思考吧）。

汇聚创新——概括

技术提供了多种途径来提升你的企业。比如更快的网络、更好的电子邮件客户端、高配置的新手机，以及财务和销售系统的升级。虽然这些举措各有优点，但其中一个问题具有更大的价值：

简单的问题往往没有简单的答案。本章提供了一个解决上述问题的方法：

如何将创意转化为资产，为你的整体企业与社群带来价值？

1）你的企业中有哪些有价值的资产？
● 你的企业创造了哪些独特或罕见的产品？
● 这些产品的价值是什么？
● 你的企业社群中有什么有价值的资产？

2）你在你的企业社群中扮演什么角色？
● 为什么客户关注你的企业？
● 你为客户解决了什么问题？
● 你如何融入客户旅程？
● 你怎样才能帮助你的企业社群更好地协同工作？

3）如何组建你的运营系统？
● 有哪些砖块供你使用？
● 到什么程度才算足够好？

- 你怎样才能达到优良和优秀?

- 你持续改进的途径是什么?

4)收集你的"脑电波",准备进行下一步。

经验法则:

- 如果你能描述出你完成某项工作的方式,有人就能把它编成软件。

- 接力棒传递的次数越少,掉落概率就越小。

- 转移问题并不能从根本上解决问题。

在本书最后两章,我们将基于整体应用技术的概念,进一步拓展你为企业社群提供的价值。

第九章

§

掌握技术

你已踏上成为一家科技企业的征程。

在本章，你将根据掌握技术的原则来审视自己的企业，来看看掌握技术对你来说有何实际意义，然后你可以绘制出企业发展的路线图。

本章为你提供一个将技术型创新元素汇聚在企业中的总体规划。你拥有自己独特的需求，而且可以据此绘制出企业发展的路线图。完成后，你就会拥有自己的愿景、雄心，并且准备好踏上成为更好的科技企业的征程。

你可以将其视为下一次业务升级的计划指南，可以在每次后续升级时使用它。

首先，你将重温前面章节中提到的原则，并总结自己所掌握的技术实力。然后，评估自己当前的定位。

在此，我将分享我与250多家企业合作总结出来的问题。你会认识到你目前在掌握技术的阶梯上所处的位置，并更清楚地了解未来的机会和障碍，从而明确未来如何发展。

此外，我还会针对当今的热门技术给出实际的观点，其中一些可以为你的企业提供有用的"建筑砖块"。正如我在导读中提到的，你可以从此处开始阅读本书，并在学习本章时，参考前面的章节。但是具体怎么做你说了算。

如果在前几章一直跟随练习，你就会十分熟悉那些重要的输入内容。翻开笔记，投入工作吧。

掌握技术的原则

掌握技术的原则是你未来业务的重要基础，能确保你的新业务正常运营。有些可能已经实施到位，有些可能尚未成熟，还有一些可能还不太适用。在你厘清这些之前，让我们看一下构建伟大的科技企业的几个原则。

前3个原则适用于掌控任何变化。

客户伙伴关系

在本书第四章，我们讨论了如何根据客户需求来升级业务。更具体地说，是如何在客户旅程中行使自己的职能。在排除一些无用之物和你为客户提供的商品以后，你应该弄清楚客户到底需要你做什么。

我们引入了大O模型，来阐述你的企业所在的客户社群和潜在客户社群。我们研究了三个层次的合作伙伴关系，这三个层次的合作伙伴关系将使你能够跟随市场变化而进行自身调整，具体方法就是不断发展你的品牌承诺，测试实现承诺的更好方法，以及建立长久的客户伙伴关系。我们还想知道你是领导还是跟随你的重要客户。

信心

实施变革是企业需要增强的肌肉。尽管我们有天生的适应能力，但过渡到新的工作方式还是会感到不适。如果把这点应用到同事团队中，就会造成混乱。团队适应能力的最终衡量标准是信心。信心让我们能够克服不确定因素，勇往直前；也能指引我们找到前进的道路，让我们彼此信任。团队培养信心的最佳办法，就是一起克服变革带来的挑战，反复历练。

节奏

我们想知道前进的方向，不管是路线图还是计划。没有计划，就不会产生信心。但重要的是看到构想计划，明确未来几周、几个月或几年的一切将如何发展。更好的做法是确定行动步骤，清楚我们如何根据经验来做事，确定我们需要学习的东西、需要证明或反驳的理论，以及学习的顺序。我们是根据已知情况制订计划（瀑布法），还是根据准备学习的知识制订计划（敏捷法）。

其余的原则适用于技术可以提供支持的两个领域。

洞察力

我们根据决策采取行动，根据洞察力做出决策。最好的洞察力来自在正确的时间为正确的人提供正确的信息。技术已经彻底提升了我们收集、整理、解析和传递信息的能力。你执行的每一项技术计划，都应该改善你与同事、客户和供应商之间的信息渠道。

资产

你的企业中汇聚了专家，也就是那些知道每一项工作是如何完成的同事。但专家们的流动性大。如果你知道某项工作的完成方式，可以将其编入软件，并纳入企业的知识产权。通过技术支持，你企业的专业知识可以被广泛传播，获得保护，并不断得到改进。

这些原则为你掌握技术奠定了基础。

下面，让我们深入分析一下（见表9-1）。

表9-1　技术掌握原则路线图

	第1步	第2步	第3步	第4步	……	足够好的程度
客户	目标					
信心		目标				
节奏			目标			
洞察力				目标		
资产						目标

客户的拼图难题

在本书第四章，我们已经探讨了你在哪些方面能介入支持客户的生产流程。现在，让我们换一个角度，即你如何帮助客户解决难题。在他们需要做的所有事情中，你帮助他们完成了哪些（见图9-1）？

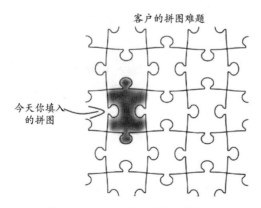

图9-1　今天你帮助客户填补了哪块拼图？

如果你的客户是一个企业，请写出你在他们的市场营销、销售、生产、分销或服务过程中的哪一环节提供帮助？

现在，想想你与客户分享的信息和你为他们做的工作，思考你还帮助了他们的哪些流程？可能包括一些相关的工作、其他产品线的类似工作，或者许多其他创意，你都可以写下来（见图9-2）。

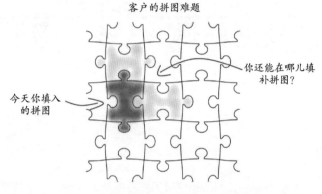

图9-2　你明天能解决客户的哪一个拼图难题？

不要落伍

你的执行能力将决定下一步的目标，以及需要多长时间才能实现这个目标。它将决定你前进的速度。

提升商业技术应该得到重视。但很遗憾，很多企业选择拖延这项工作，直到传统系统分崩离析、别无选择时，才采取行动。采用这种方式，给企业留下的调整时间太短，从而增加了压力，但这可能还不是最糟糕的结果。当你准备采用一个新技术时，你可能会被传统系统所制约。这意味着，你必须先升级系统（流程），才能进行后续工作，这样就会耽误你及时使用能产生真正价值的产品。

技术大师们不想让他们的系统落伍。尽管这并不能说明他们愿意因此而主动升级，但这确实表明他们有一份"保持更新"的标准清单。例如，一个技术大师会把注意力集中在本清单的上半部分，而排除下半部分。以下是一个"保持更新"的标准清单的样例。

1）我们紧随尖端科技，并在适当时机予以实施。

2）我们不接受性能和规模的变通方法。

3）我们实施最简变革，专注于最简单的解决方案。

4）我们想办法少花钱多办事。

5）我们将尽量投入来维持现有的系统。

6）我们必须拿到安全补丁。

7）我们的系统不符合Y2K⊖标准。

你的企业主要关注本清单的哪一半？

扩展舒适区，还是束缚双手？

自信与舒适度密切相关。如果你从事的是舒适度高的工作，那么你可能会对结果充满自信。但是保持舒适度，并不会增加你的自信。

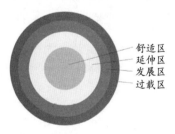

图9-3　企业、团队和个人共享舒适区和非舒适区

_____

⊖ Y=Year，2=2000年，K=kilo，又称"千年虫问题"，指2000年时计算机由于技术不足，两位十进制数无法继续辨别2000年及以后日期，直接导致各行各业系统瘫痪，又称全球性的计算机大事件。Y2K强调科技感和未来感。——译者注

舒适区可以被延展，突破界限。

一支自信的球队在他们延伸区域的边界处表现得最好，不会感到慌乱，也很少会感到崩溃。一般而言，增强团队信心的最好方法，就是把团队成员团结在一起，实现延伸目标。你应该从以下方面调整你的变革目标：

1）企业需要获得怎样的成果？何时能实现该成果？

2）谁是实现这一目标的最佳人选？正是你的团队。

3）他们认为如何能实现目标？预期的步骤是什么？哪些早期步骤对全局成功至关重要？

4）作为领导者、赞助商或大老板，你怎样才能限定时间和预算，以激励团队工作表现更佳？

给予团队支持。你对团队的要求越高，团队就越需要更高的效率和更好的指导。

好的方面是，你的企业即便不是为了繁荣发展，而仅是出于生存考虑，也需要应对新的挑战。如果你待在舒适区，就束缚了自己的双手，限制了未来的发展。一方面，这意味着你永远不会扰乱自己的业务——这是一个常见的难题，因为这就意味着别人将有可能扰乱你的业务。另一方面，这意味着你将停滞不前。

你需要再次回答同样的三个问题：

1）你需要去哪里？

2）你从哪里出发？

3）你接下来要去哪里？

你需要做出的决策有两个：一是将企业的舒适区转移到哪里，二是如何转移。只有你才能知道什么最有效，但这里有一些备选方案：

"+1微增"思维：逐步改进是缓慢而稳定的。看看企业的现状，哪些地方需要改进，然后添加功能，调整流程，或者删除低价值的步骤。+1微增思维有益于你的企业转换舒适区，或者进行一些小的微调。它能吸引风险规避者，也很好地符合敏捷法口号——"大处着眼、小处着手"。找到并解决客服中心接到频繁投诉的某个问题，完美解决后，+1微增思维就会让你的团队以更强的信心来应对更大风险。

"×10激进10"思维：当无法通过改进现有的方法来实现你的目标时，团队可以采用×10激进思维的激进方法。即严格限制预算和时间线，这可以强制性地解决问题。例如，医疗保健行业的预测显示，未来10年所需要的病床数量将大大超过目前的资助支持能力，届时无法沿用目前的预防、治疗模式。因此，我们需要采取新措施，以减少对病床的需求，比如帮助人们增强体质，或者为那些体弱多病者提供更完善的家庭护理服务。×10激进思维法是获得最终成功的最好方法，但对于那些从未获得过成功的人来说，这是一种挑战。

+1和×10思维混合法：事实上，混合方法非常适用于企业的升级组合。重要的是你要认识到，企业的升级改造并不局限于+1思维（普通思维）或×10思维（某些企业家喜欢的方法）。如果只需微调即可升级现有事物，那么就执行几次+1思维法进行微调。如果你需要激进的方法去升级系统，就执行×10思维法。

创新的现实情况

硅谷初创企业的平均成功率是5%，95%的企业无法持久。

当你阅读创新新闻时，很容易构想出一幅美好的文化图景：每个人都在改变世界，不断接受一轮又一轮的竞争失败。无论成功的前景是否是20∶1的比例，这都是一个误导性的观点。

　　建立一种接受失败的文化为人们定下了错误的基调。失败必须是有目的性的——通过反复试错来学习，否则就很难区分失败和无能。

　　不要相信一些胡言乱语，认为你需要聘用一个具有创新超能力的"漫威英雄"团队。创新是我们与生俱来的能力。我们天生就有野外生存的能力（基因需要很长的时间来改变），并适应每天变化的环境。

> 不要被动接受失败。要从失败中吸取经验教训，把失败作为一种手段。

　　就像所有技能一样，有些人比其他人更善于创新，就像有些人比其他人更擅长实际操作和编制计划一样。但每个人都拥有创新基因，而且大多数人都能更容易地运用它。创新是充满乐趣的，带给我们挑战，让我们感到兴奋。设定10倍的目标，他们会取得超乎想象的成就。

> 创新文化中最重要的一个因素就是坦诚。

　　当我们通过实验来验证待解决问题的理论时，我们很容易倾向于为了验证的需要，而证明自己是正确的。但无论结论如何，只要是证据确凿的实验都是成功的。不管结果是正确还是错误，只需要我们快速予以证明。

　　我们在日常生活中会存在很多偏见。为了避免产生对验证的偏见，一个好方法就是创建"清除实验"——如果实验成功，可以帮我们清除一个不好的创意或方法；如果实验失败，就证明我们是正确的。这不会给我们带来任何损失。

　　坦诚可以节省时间。不要给予空洞的回馈，简明扼要，必要时提供补充。但这并不意味着粗鲁或无礼。

　　那么，你如何区分聪明的学习、实验和无能呢？回顾性分析是任何学习型组织运作方式的重要组成部分。在任何回顾性议程中，都应纳入的一个问题是：

我们能预测结果吗？

如果你在不同时间的回答都是"是"，那么请想想自己本可以采取哪些不同的方式来预测结果，将来就采用这些不同的方式来完成工作。如果答案仍然是"是"，那就更深入地挖掘原因，进行彻底改变——这可能是能力问题。

从 +1 思维转变到 ×10 思维的三个步骤

我曾经提出了一些将雄心转化为行动的标准：大处着眼，小处着手；永远务实，熟能生巧。

当你在"不舒适程度"图即图9-4中找到自己的位置时，考虑使用以下这个方法：

1）清除烦恼之事，化繁为简。

2）让剩下的部分事情自动化执行。

3）培养日常习惯。

让我们来看一个实操范例。你如何能提高10倍的客户周转率？

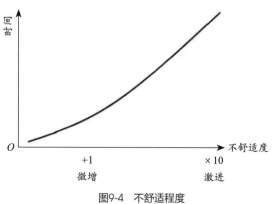

图9-4　不舒适程度

有时候你企业的业绩会下滑。随着时间的推移，这种低效的状况会越来越严重。当这种情况影响到客户的体验时，你就应该重点关注如何让企业回归卓越。

在保险业务中，客户关心的是自己的理赔周转情况。如果发生了一些糟糕的事情，客户往往需要大额资金赔付。这时，保险公司就有机会通过快速赔付客户的支出金额来缓解他的糟糕处境，抑或是通过一个漫长、拖延的理赔程序，来给客户增加痛苦。

当一家保险公司决定专注于回归卓越时，他们在理赔周转时间上就实现了10倍（如10倍）的改善。这意味着理赔等候时间从70天减少到7天。这不仅使公司的忠实客户感到高兴，也使员工的工作变得容易得多。客服中心的工作人员将非常乐于传递这种好消息。

这些惊人成果是通过实施以下三步变革法[⊖]而实现的：

简化：第一步，团队将过程记录在纸上。他们观察实际的日常活动，记录每一步和每一个变化。首先，4个房间的各面墙上都贴满了便利贴。其中大部分内容都不在标准作业程序（Standard Operation Procedure, 简称SOP）手册中。然后，再去除多余的步骤，改进低效的步骤，并制订来年的分阶段计划。

自动化：第二步，在技术的支持下，以更快的速度、更好的精确度和更低的成本来操作流水线作业。改善信息渠道，客户可以在线提交索赔，而不是提交一份20页的文档，并明确处理规则，以便在向理赔人交付索赔之前，可以预先进行筛选。

支持：第三步，也是最重要的一步，制定使整个团队更有效的工作的程序。可以选择培训、辅导、在家工作，并召开定期例会，以应对日常的挑战。

⊖ 又称"SAS"，是简化（Simplify）、自动化（Automate）和支持（Support）3个英文的缩写。——译者注

如果忽略其中任何一个步骤，都不会获得10倍的改进成果。

总之，这些改进措施可以使保险公司购买新的业务账簿，从而大大增加他们的投资组合。

这表明了团队的雄心，保险公司随后可以开始研发第二版，以实现进一步的大幅改进。自信的团队不会故步自封。

技术超能力

如果本书是一本漫威的漫画，你可以把技术看作赋予你企业的超能力。它并不是帮助你管理企业中的交易或从这些记录中提取信息的系统的普通能力，而是各种能力的总和。据此，我来详细阐述一下这些超能力。

差异化优势：有机会完成一些区别于你的竞争对手的事情，从而为你的客户带来显著的利益，而且只需要较低的边际成本。疾如闪电，具有更强的可扩展性、更佳的准确性和一致性。

敏捷性：通过坚实的基础和正确的宏观视野，你的企业就可以通过快速的响应、敏捷的反应和探索精神来取得飞跃式发展。

弹性：如果你已经把团队中骨干成员的专业知识编码，那么即使他们生病或者离开企业，你也会高枕无忧。

洞察力：当前的技术并不会有人类的情感和智慧，但它可以通过在正确的时间快速、准确、安全地将信息传递给正确的人来产生智慧。

你可以利用这些超能力，来满足你的最低需求或者最高愿望，从减少应收账款到创造全新的商业模式。在下一章，我们将研究如何掌握这些超能力，但在本节，我们将介绍一些方法，可以让你每天与客户一同实施创新，或者尽可能给企业带来实际利益。

至少，我希望表9-2中的这些超能力，可以帮你认识到技术在你的企业和整个行业中所起到的作用。

表9-2　企业需要的技术

产生洞察力	支持工作
准时化生产—须知	在你的社群中再分配控制权
监督绩效指标	简化业务设计
保护信息	自动化执行一些让人头疼的工作，让员工有时间去做更有价值的工作
在数据海洋中寻找细节	提高工作效率
重点关注趋势与例外情况	扩大规模——以低成本吸引更多客户 将你的知识产权纳入软件 通过再利用来使用他人的工作成果 购买社群基础设施

掌握技术的阶梯

你的企业存在什么问题？

你选择阅读本书是因为你想要建立一个更好的企业。但我想问的是：怎样能变得更好？你的企业现在存在什么问题？哪些地方可以改善？

更重要的是，你企业的哪些方面在你的行业中能做到最好？出于某种简单的理由，你将开始着手掌握技术。你的企业将会取得令人瞩目的成功，并且取得可观的改进。当你明确哪些地方需要实现卓越时，你就回答了本书第八章中的问题。

你从此处开始采取行动。先树立有效的目标，重新投入工作，明确为达到目标必须完成的所有事情。如果你的基础系统不够牢靠，那么在开始实现伟大目标之前，必须进行系统升级。当你考虑到这一因素时，你的这些目标是否仍有价值？系统升级还会带给你哪些额外的好处？

1）生命体征。请回答以下问题，测试你企业的生命体征：

● 你能在次月的一周内完成结账吗？这是一个简单的测试，可以测试出有多少业务流程是在系统之外处理的，你的账簿中需要记录多少例外情况。

● 你的企业每个月因技术问题而损失的员工生产力是否能少于4小时？这是系统可靠性或脆弱性的测试。

● 如果你的系统瘫痪一周，你的企业是否还能正常运营？这衡量了你的企业对技术的依赖程度。如果能正常运营，表明你的企业制订了应急计划。

如果以上所有问题你都回答"是"，说明你的企业的生命体征很好，你就可以继续后续检查。如果你对其中某个问题的回答是"否"，那么在继续之前，要先解决该问题。

2）让人头疼的工作。评估企业的技术支持水平，请回答以下问题：

● 新员工能在一个月内学会熟练使用技术吗？

● 每笔交易的管理成本是否可接受？尽管你可能有机会提高效率，但如果管理成本"不可接受"，你就需要迅速解决问题。

● 你的互联网技术工单待办事项是否呈稳定或下降趋势？如果待办事项逐渐增加，你就需要解决可维护性问题。

同上，如果你的回答都是"是"，你就可以继续。如果有任何回答为"否"，就需要实施整改。

3）弹性。如果某些地方出现了问题，你将如何应对？想一下：

● 你的企业是否制订业务连续性计划来应对主要系统的意外故障？要采取比生命体征的第3个问题更全面的视角来思考这个问题。

● 你的企业是否制定了合适的安全策略？查看本书第七章中的安全单页模板来获得指导。

● 你是否在每个业务领域（技术和非技术）都至少配备两名专家？这是有关于组织弹性的问题，涉及入职、培训、继任规划等，在企业的任何领域都是非常重要的。你越信赖技术，就越需要加倍学习技能。

全都回答"是"？这说明你的状况很不错。事实上，你可以考虑进行高级技术投资。在我们行动之前，还有一个问题。

4）复杂性。多样业务将有利于增加收入，但需要你做出某些投资决策：

● 你的企业中所有的收入都来自单一的业务吗？单一业务可以降低企业的系统需要支持的复杂性。

● 如果是多样业务，你是否清楚企业的大部分利润来自哪一项业务？这样你就会明确技术投资的重点。

不同的收入来源往往意味着不同的技术需求，这会让你感到困惑，不知道投资的最佳方向。如果你在每一个行业都有资源，那就全力行动。如果你觉得不确定，就选择你最有把握的业务领域进行投入，然后逐渐淡化对其他业务领域的关注。最好的技术机会并不一定来自你企业的最大业务领域。然而，你很少会优先考虑投资低收益或呈衰退趋势的业务领域，除非你预测到形势会发生好转。

革新和升级

如果上面的任何一个领域比较薄弱，你都需要革新企业的业务技术基础。如果企业的基础系统状况良好，但在最近几年有些落后，那么你只需要对其升级即可。尽管我相信你一定会继续赢得这场大胜利，但别忘了那"三只小猪"。如果是"稻草"地基，那么你针对更佳的客户联系、敏捷性、洞察力和资产建设所采取的任何措施都将倍加困难。如前所述，人们本能地倾向于抵制任何变革；稻草型基础会让日常工作举步维艰，让员工们变得固执，并阻碍士气。

坚实的基础将为这项工作打通渠道。实施革新或升级并进行维护，你就有机会取得巨大成功，成为赢家。

前两步

你的技术阶梯始于你的基础。你可能需要随着你的进步而发展这个基础。此外，你还需要确保你建造的阶梯能够以适当的效率和可靠性运行。下面请您在表9-3中填写以下几行项目对应的阶梯内容。

表9-3　阶梯模型——路线图

项目	第1步	第2步	第3步	第4步	足够好
基础					
维护					
客户					
信心					
节奏					
洞察力					
资产					

建造你的阶梯

你的计划会是什么样子？我在前文提出了"大处着眼，小处着手"的观点。这里我将为你提供一个模型，把大目标分解成可操控的小步骤。

1）基础：在上一部分4个因素的11个问题中，你遇到了什么挑战和难题？如果是这样，要及时解决——通常在第一步或第二步完成。如果你将来准备采取更多更远大的行动，就需要定期检查这点。

2）维护：即基础的运作效率。这项工作需要正常进行，这样你才能专注于富有野心的差异化工作。这就要求你的支持团队十分高效，能够控制积压的日常事务，并且制定可靠的流程，根据情况实施中小型改革，以使业务正常运行。过度活跃的维护会影响你的创新精力。

3）客户：实现差异化的起点和终点。如何让你创新组合中的每一项吸引客户的注意力？它会影响到谁？它将如何改进或扩展你在客户流程中的角色？后续计划是什么？

4）信心：你的企业需要做哪些工作来实现这个计划？变革是在团队的舒适区之内还是之外？有多少同事会受到影响？他们的生活会因此发生怎样的改变？他们是否能灵活适应或者感到舒适？他们是不是因为工作繁忙而导致无法做好？你怎样才能带领他们渡过难关？

5）节奏：当你的团队把这项工作所需要的步骤汇总后，他们是否能制订一个可靠的整体方法？对企业而言，哪些步骤是熟悉的（曾经实施过），哪些步骤是陌生的？团队需要学习哪些知识才能获取答案？这项工作是否被分解成两周的冲刺计划？谁在指导委员会？

6）洞察力：这项计划将收集哪些信息？你的客户可以从中获得哪些洞察力和行动？你的同事呢？洞察力应在什么时候传递给谁？信息将存储于何处，以何种方式呈现？是否进行过安全考量？如何将这些洞察力转化为财富？

7）资产：当工作完成后，哪些企业资产将被创造或增强？哪种新知识产权将被编入程序？如何将其转化为财富？

每一个企业都是从一个特定位置开始这个旅程的，即有自己的目标和优先事项。在完成路线图之前，来看以下几个例子。

示例1：技术重置

一家企业在十年前安装了基本的财务和订单管理系统，并且自那时起一直未进行改进。尽管改进后会更好，但该企业一直以来也能维持正常运营。事实上，技术有点像黑匣子，人们只关注它能为企业带来怎样的价值。

当问题累积到了某种程度后，就必须采取措施。这也是一个很好的时机，可以让你审视机会，赢得竞争。

表9-4是他们编制的路线图。

表9-4　重置的路线图

项目	第1步	第2步	第3步	第4步	足够好
基础	审查基础	实施新系统			
维护	用力前行	修复顽固的小问题	降低客户支持占比，节省时间	30%的互联网技术团队用于客户支持，70%的互联网技术团队用于创新	25%的互联网技术团队用于客户支持，75%的互联网技术团队用于创新
客户		降低订单纠错次数；加快决议速度	25%的订单为在线，每周7天，每天24小时；20%自动补货	40%的订单为在线，每周7天，每天24小时；25%自动补货	40%的订单为在线，每周7天，每天24小时；25%自动补货
信心		证明我们能做到	激发信心	准备应对任何情况	准备应对任何情况

续表

项目	第1步	第2步	第3步	第4步	足够好
节奏	聘请项目经理	启动指导	有效的指导	较短的指导	轻松实现变革
洞察力		数据质量;清晰的关键绩效指标	理解购买习惯	为客户提供建议	通过理解客户购买习惯,来发挥杠杆作用
资产			与5%的客户建立合作伙伴关系	10%的客户提供积极的反馈	20%的客户提供积极的反馈

在本示例中,你可以看到路线图如何进行基本重组。尽管问题越来越多,但也带来了双重机会——既解决了长期的问题,也为新的价值奠定基础。到第4步时,业务已接近"足够好",可以追求后续目标。

示例 2：升级你的运营系统

还记得前面提到的保险公司吗？它把周转率提高了10倍,使客户感到高兴,也让同事充满信心。他们的方法是精简流程,应用技术来传递信息和自动化工作,并为他们的团队提供成功所需的日常支持。

他们的路线图如表9-5所示：

表9-5 运营升级路线图

项目	第1步	第2步	第3步	第4步	足够好
基础	精简流程		在线理赔系统	预筛选	优化流程即将推出
维护			消除小问题	低成本	< 0.5FTE
客户	70天理赔	60天理赔	30天理赔	15天理赔	7天理赔
信心		明显改善	进一步改善	业务量增长	我们再来做一遍
节奏		日常解决方案	日常解决方案	日常解决方案	提出解决方案时间平均低于2天

续表

项目	第1步	第2步	第3步	第4步	足够好
洞察力		处理关键绩效指标	在线理赔	理解运营，推动进一步改善	理解运营，推动进一步改善
资产				预筛选理赔	自动化执行

示例3：建立在坚实的基础上

这是一个鼓舞人心的案例。就在几年前，这家企业投资了一个新的企业资源计划来管理他们的整体运营。这解决了他们的燃眉之急，也使团队有了喘息之机。变革完成后，大家都感到些许宽慰。他们雄心勃勃，在渡过难关后获得了很多信心。

这是一个很好的时机，以这种成功为基础，为客户带来价值。

他们将这一路线图命名为"激发信心"（见表9-6）！

表9-6 在坚实基础上构建的路线图

项目	第1步	第2步	第3步	第4步	足够好
基础	根据需求确定供货商路线图	每周安全补丁	升级基础系统		保留版本不超过一个，每周提供安全补丁
维护	精简支持流程	培训额外的优秀员工	待办事项时间为3天		平均工单待办事项时间少于3天
客户	建立客户验证小组	实施市场验证，以确认路线图优先顺序	扩展客户验证小组	每周客户反馈	每周客户反馈
信心	怎样可以进一步改善	建立改善指标		强化改善指标	持续实施差异化改善
节奏		精简沟通	冲刺计划从4周缩短为2周	准备每周升级	每周升级

项目	第1步	第2步	第3步	第4步	足够好
洞察力	识别冗余数据	完全数字化——无纸化	日常运营展示板	将洞察力出售给客户	日常展示板洞察力收入
资产	精简并记录流程	自动化实现	自动执行入职培训	安全审计专利关键知识产权	受保护的知识产权纳入企业评估

示例4：轮到你了

请用几句话来描述你的远大抱负和出发点，然后填写表9-7的空白模板，从"足够好"这列开始，并且为每一行编制步骤。最好是将本书分享给你的团队，并集体实施该练习。

有多少业务就有多少通往技术掌握的阶梯。我希望这些示例可以让你清楚，如何将这一流程应用到你的整个企业或具有较大规模的业务部门。你的企业中允许存在多个阶梯，只要你确保它们整体一致，相互协同，并且每个团队都为成功建立了所需要的资源和重点工作。

表9-7　你的路线图是怎样的？

项目	第1步	第2步	第3步	第4步	足够好
基础					
维护					
客户					
信心					
节奏					
洞察力					
资产					

请想想，你的企业同时能运营多少业务。你要考虑清楚，搞砸一个就少一个。

给新任创新实施者的20个问题

在过去30年里，我曾与250多家企业合作。在此过程中，我编制了一份问题清单，用以评估企业对技术带来的突破性进展的欲望和准备程度。我精心编制了这一清单，确保其简明、实用。

如果你被要求以这种方式看待你的企业，不管你是刚被任命，还是几年前就创立企业，我敦促你回答这些问题，以作为你新计划的起点。

我发现，最好的答案往往来自询问"升级"问题而非技术问题。我在本书第五章一开始就介绍了这个主题，它值得花时间深入阐述。下面，我使用术语"升级"来表示企业运营方式的重大改进，其中包括更好的客户体验、较低的运营成本、成功推出的新产品，引起媒体或公众兴趣的创新，或者获得能创造价值的全新洞察力。"升级"并不包括重大的新交易，及超出预算的利润或收入，无论这些方面让你的股东多么高兴。

虽然这是一个"自我评估"，但如果你邀请第三方来评审"重大改进"，你会得到最好的结果。客户群体或坦诚的合作伙伴完全可以参与其中。你可以自己回答这些问题，但是你需要听取那些值得你尊重和信赖的人们的意见，然后再下结论。

需求

1）哪些<u>升级</u>可以为你的企业带来提升？考虑以下选项：

● 客户体验。

- 可扩展知识产权。

- 运营。

- 变革速度。

2）检查一下今天哪些事项完成得足够好，还有哪些事项需要升级？

3）这些事项谁做得比谁好（不要把答案局限于竞争对手）？

4）如果要实现5%的变化，你需要改进多少？10%呢？更多呢？

5）用一句话说明各个区域应该改革哪些方面，以及将会给你带来怎样的变化（先暂时不要想如何去做）。

恭喜！你刚刚创建了你的升级组合！

欲望

1）在过去的5年里，你的业务升级了多少次？上次升级是什么时候？你的团队愿意重复这种经历吗？

2）首席执行官是否相信你列出的升级项目会带来改变（如果你是首席执行官，你当然会知道答案；如果不是，把你的投资组合分享给首席执行官，然后了解他的想法）？

3）管理团队中是否有人愿意用自己的名誉来担保其中任一投资组合计划？

4）如果他们取得成功，会有更多团队成员加入其中吗？

5）当新创意没有达到预期目标时，是否被认定为成功？

本节将阐述你的企业如何通过创新升级而蓬勃发展。

准备

1）你的企业能在1年内实践重大的新创意吗？

2）指定投资组合升级团队的成员。如果没有完整团队，必须暂停升级。

3）根据需要，邀请可信任的合作伙伴和知名顾问加入每次的升级过程中。另外，仔细检查团队中是否有重名的成员。你需要为这些人排序。

4）针对每次投资组合升级，给你的团队经验打分，从1（低）到3（高）。如果经验评估分数高于2，则应支持该升级；如果评分接近1，则应暂停该升级。

5）评估你的团队对获取成功的信心。理想状态下，他们应该刚好处于自己的舒适区之外。如果你需要他们发展，他们应该停留在那里。

本节告诉你，你可以计划完成多少内容，以及你必须计划学习多少内容。

雄心

1）对于投资组合中的各个项目，记下一个或多个可以被停止（丢弃–替换–终止–禁止）以释放资源的现有活动。

2）停止这些活动会腾出多少资源？多快可以停止活动？在停止每项活动前，是否需要开发新的能力？这些能力是通过投资组合实现的吗？是否应该增加其他因素？

3）思考哪些资源（人员、时间和预算）能以这种方式释放出来，你就能形成交付创新投资组合所需要资源的高层次观点。把投资组合的各项计划都写在贴纸上，任意调换贴纸位置，直到满意为止。这样，你可以针对工作中的高峰和低谷找到应对办法。

4）你应该以高层次视角来看待工作的顺序。这是否反映了依赖关系和先决条件？如果你将计划B移到计划A之前，计划A是否更容易完成（例如，在自动化执行前精简流程）？

5）退后一步，看看你的贴纸。这种配置是否：

● 获得初期胜利，建立信心？

● 持续取得成功，提醒人们该程序十分有效？

● 最终提升了你的企业（某些领域实现10倍改进），包括客户体验、可扩展性、增加的知识产权、高效，以及其他重要方面？

如果答案为"是"，那就开始行动，根据新信息的指示来调换贴纸的位置。如果答案为"否"，那就想想在不损失最终利益的前提下，可以删除哪些东西。

"雄心"这部分为你提供了一个更好的运营路线图，并帮助你调整投资组合，以匹配最佳的资源计划。

要记住，你创建的是一个富有生命力的文件。你应该在需要的时候寻求其帮助，至少每个季度查看一次。世界在不断地变化，你肯定不愿意被抛在后面。

技术——简要说明

在上一章，我们讨论了使用建筑砖块来砌筑你的企业运营系统。现在你已经拥有自己的路线图，就该认真寻找最好的砖块来建造了。当然，你有很多种选择，其中许多你已经很熟悉了。在本节，我将揭穿一些谬论，并向你简要介绍一些广为人知的技术。

人工智能

第二次世界大战期间，艾伦·图灵（Alan Turing）领导一支科学家团队发明了"恩格玛机"。这是一台有房间大小的计算机，里面布满齿轮和阀门，能破译数千条无线电报。通过这台机器，图灵团队拯救了数百万人的生命。恩格玛机促成了诺曼底登陆，从而加速了战争的结束。

但是图灵并没有止步于此。当他在1950年发表《计算机器与智能》（*Computing Machinery and Intelligence*）时，绝不会想到他的文章（以及其中的模仿游戏思维实验）会产生如此大的影响力，也不会想到他的"人工智能"一词如今会被如此滥用。

人工智能是一种在海量信息中寻找解决方案的技术。数据越多，谜团就越大，我们就越难找到答案。如果我们认定答案就在其中，就可以用人工智能去进行搜寻。虽然不保证一定成功，但如果你不去尝试，就永远不知道自己能不能做到。

我第一次接触人工智能，是在创建一个路线规划解决方案的时候。当时，人工智能没有解决问题，我们采用了更好的办法。后来我们知道，主要原因是我们缺乏数据。10多年后，谷歌推出免费版谷歌地图，并大获成功，原因就是他们拥有了数据。

人工智能已经存在很长时间了，我们现在拥有的数据比以往任何时候都多——我们不知道该怎么处理。这项技术源自电影《2001：太空漫游》（*2001：A Space Odyssey*）和《银翼杀手》（*Blade Runner*）中的仿生人，目前已发展成为主流。如今，你自己都可以使用人工智能。事实上，你每次进行谷歌搜索、浏览亚马逊网站，或阅读领英（LinkedIn）推荐的招聘广告时，都会这样做。

在过去的10年中，每当发布一项新型计算应用时，科技媒体就会使用这个词进行说明。如果我们想要避免陈词滥调，就应该区分用于机器学习的人工智能和传统的软件工程。

许多问题都有已知的解决方法、已建立的规则和公式，我们可以用这些方法、规则和公式教会电脑学习。这就是程序员们自图灵时代以来一直在做的事情。保险费的计算、银行余额的更新、工资的支付，以及绝大多数利用电脑完成的工作，都是通过这种方式实现的。如果我们找到解决这些问题的好办法，只需简单地进行编程即可。

另一方面，如果这个问题非常复杂，现代数学无能为力，或者变量太多，无法采用穷举法找到答案，那么我们就可以给计算机编程，让它尝试找到一个解决方案，理解成功与失败之间的区别，并不断调整公式，直到它们找到正确的答案。这和人类一直以来实施的"尝试—学习"的过程完全一样。但很显然，计算机可以完成得更多和更快。这种试验、试错和学习的速度，将许多新型解决方案变为现实。

所以下次再读有关人工智能的文章时，请保留一点怀疑的态度。思考一下这个解决方案是仍在学习过程中，还是已经被它的开发人员完全理解。

如果你知道自己需要回答的问题，并且十分明确答案就藏匿在你可以利用的海量信息中时，就可以考虑使用人工智能来解决。

大数据

你怎么称呼这种海量信息？没错，就是"大数据"。

数字存储曾经是一种高级技术。硬盘驱动器价格昂贵，速度慢，而且噪音很大，听上去就像你在烘干机里倒入一袋螺栓。但是后来，人们找到了新的方法，实现了以低成本存储大量的数据，一切发生了改变。之后，闪存存储显著提高了计算机的访问速度。

与此同时，10亿人都在抢购可以打电话的袖珍相机。无线局域网（Wi-Fi）技术可让各种远程设备将数据发送到大磁盘。

如果这些数据是以原子形态进行存储，那么它们将构成地球上最大的矿渣堆。相反，我们就只是建立数据中心。

大数据诞生了。

太棒了！现在我们几乎可以存储我们所做的每件事的信息，我们可以选择分享我们去过的地方，以及我们购买了什么东西。更重要的是，我们拥有了可以测量其他事物的各类传感器。

但是，利用大数据我们可以做什么？

实现进步是一个技术融合的过程。很少有哪种单一技术能带来重大的变化。但当几种技术同时出现时，你就会得到印刷机、YouTube和iPhone。在这种情况下，海量廉价的高速存储、便携式个人计算机，以及无处不在的城市网络的融合催生了大数据。

如果我们存储的东西有实用价值，就可以利用人工智能来发挥其作用。

大数据和人工智能是天生的一对，如弗兰克·辛纳屈（Frank Sinatra）所述，它们就像马与马车的密切关系一样。⊖

我们仍在探寻这个解决方案能解决的问题，而且很可能会一直持续探寻下去。

如果你相信有秘密武器会让你在市场上实现飞跃，或者如果你管理着非常大量的设备，并且可以通过增加容错来实现实体经济，那么你就应该考虑利用大数据。

⊖ 辛纳屈是美国歌手、演员。此处的是引用他的歌曲《爱情与婚姻》（*love and marriage*）中的一句歌词："爱情与婚姻就像马和马车。"——译者注

区块链

区块链是一种提供可靠的共享数据的技术。该技术能捕获一系列事件，并将它们存储在跨多个数据库服务器复制的数据库中。

区块链技术能承诺杜绝数据的伪造、篡改或其他欺骗行为。由于许多人都拥有相同数据的副本，因此任何个人或少数群体都无法通过更改分类账来篡改事实。

区块链技术能提供"真实的互联网"，这让其支持者感到无比兴奋。每当完成投票、货币兑换，财产交易，或者某种产品被传递到供应链的下一环节时，所发生的变化就会被永久记录。

如今，加密货币已成为新闻焦点，也被视为区块链技术的同义词，但它这只是区块链技术的众多应用之一。在公众眼中，加密货币的名声并不好，但不能错误地把这种污名强加到这一底层技术上。

这种共享数据的底层技术方法，依赖于受托人投资巨额计算成本的能力，而这种模型很可能无法实现"真实互联网"的理想。但如果这一承诺具有足够的吸引力，符合大多数人的想象，那么某地的某个人就会出来解决技术难题。

区块链技术不只是能够提供"公链"。近年来，IBM、沃尔玛和摩根大通已经投入了大量资金来测试私有区块链的价值。

当你有机会与一个财团共享数据以实现互利时，请考虑采用区块链技术。你的供应链就是一个完美的范例。

云

你知道什么是云吧？它是某个大数据中心设施中的一堆服务器。你并不知道那些服务器的安全性如何，所以肯定不会把自己的数据放入其中。

请你仔细思考一下。

能够为各家各户供应平价电力、天然气和自来水的设施费用，远非个人消费者能够承担。因此，国家为民众建立了基础设施，这是巨大体量的规模经济。尽管政府会用我们的税收来抵消一部分费用，但我们仍需支付一些使用费。但是，我们能享受到取暖（制冷）以及供水服务，还有比这些更重要的吗？

云计算从"拧开水龙头"开始。

我们就是以这种方式开始计算的。即使是大公司也买不起早期的同房间大小的电脑，都从IBM这类大公司租用电脑并根据使用时长支付服务费。计算能力是一种实用工具。接下来的一代人开始使用大块头电脑，他们的书桌也因此而加大。

如今，便携式设备即可拥有强大的计算能力，除非计算能力要求过高。例如，语音识别就需要超强的计算能力，因此Siri[⊖]和Alexa[⊖]就需要云端支持。许多应用程序（源自Salesforc）也在云端托管。如果你想创建自己的软件，只需每天支付几分钱的费用，就可租赁一台服务器，早上启动，晚上关闭。

管理一台巨型计算机比管理成千上万台小型计算机经济得多。因为其中部分费用由客户来承担。云服务的利润也可以冲抵计算机消耗成本和相应的硬件折旧费用。就像关心你的每月电费账单一样，你需要监督自己对这种"无限计算能力"的使用。

开始进行计算吧，拧开水龙头，根据需要，还可以使用水管。

很多人（包括我自己）认为，这种便利性和可变费用模型值得付费。效用计算与当前可用的云服务相结合，降低了进入软件业的难度。

⊖ 苹果公司产品上的语音助手。——译者注
⊖ 亚马逊旗下的智能音箱。——译者注

当你在云中构建软件时，你是站在巨人的肩膀上，也就是说，你只需要构建解决方案的顶层部分。这不仅节省时间，还能规避风险。

这是你选择创新时机的最大理由。

当你熟悉安全策略之后，在每次计算时都应考虑采用云技术。

如果你在云端成功销售，恭喜你。

如果你没有做到，我猜这是信任问题？你是不是不情愿把你的数据（珍贵资料）放在别人的大楼里面？如果是的话，我强烈建议你能认真考虑这件事。事实上，如果你在本地部署服务器，你将永远无法实现数据中心的物理安全性。无论是在机房、家里，还是在数据中心，你都需要确保数字安全。

我曾在第七章中详细讨论了安全问题，而在此处，我的建议如下：

1）培养健康的安全状况。

2）要逐步认识到，在数据中心，这种安全状况会更佳。

3）能够理解云服务为你的软件带来的好处。

4）如果你想要降低数据风险，那就选择在云端进行一些工作。

5）总结经验教训。

无论你在哪里计算，都要好好计算！

云服务

还记得技术堆栈，也就是那些能实现各个应用的软硬件砖块吗？当你进行软件开发时，你要清楚自己需要哪些砖块来完成工作。许多砖块已经存在，或由你的企业构建，或更有可能是由第三方构建。构建新砖块的成本要比重复使用现有

> 重新发明之前，先考虑重新使用。

的、经测试的、经验证的砖块更高。而且，如果你能更多地重复使用旧砖块，就会相应减少对新建砖块的需求。重用是过去35年中软件革命的最大推动力。

云服务具有两大优势。第一大优势我们已在上文讨论过，即"拧开水龙头"的效用计算。第二大优势则是重用。

如果你在云端构建软件，云端会为你提供各种海量软件和硬件供你重用。理解这一点很重要，因为它会帮助你克服对云技术的排斥心理。

云服务允许分层构建计算服务。如果你正在创建物联网解决方案，你可以使用现成的传感器及其数据。如果你正在创建一个网页或智能手机应用程序，你可以调用现有的用户界面组件和编程框架（可以提高编码效率），还包括云实用程序提供的计算和存储。

你可能听说过术语基础架构即服务（IaaS）、平台即服务（PaaS）和软件即服务（SaaS）。它们是云服务平台中的各个层级，在彼此的基础上构建，以提供更全面的解决方案（见图9-5）。

只要你的软件与云相关，你就可以使用这些元素。

软件即服务	软件即服务 全功能应用程序 客户：商业用户
平台即服务	平台即服务 对操作系统和设备环境进行管理 客户：开发人员
基础架构即服务	基础架构即服务 虚拟硬件 包括存储 客户：想要进行管理或寻求本地部署的替代方案的企业

图9-5 云服务平台中的各层都服务于不同的客户

最重要的是，你应该充分理解自己对于是否构建云计算的决策的意义，权衡安全问题与云计算带来的连通性和生产力优势，然后制订折中方案。

当你准备开始创建新技术时，要认真思考各种因素。

数据库有多种类型

数据库是用于存储特定用途的信息的空间。

如果它的用途就这么简单，那么为什么会有如此多样的名称，比如数据仓库、数据湖等？如果你不是非要成为数据专家，我将在下面几段中，为你大致介绍数据存储的相关知识。

我们对信息进行结构化处理，使其更加实用。标准布局加快了存储和检索速度，数据聚合和预计算加快了报告和分析的速度。要实现这一点，我们只需要知道在一般情况下如何使用这些信息。

文本文档、数据库、数字音乐和图像是最常见的数据结构。它们能让软件更好地呈现我们准备解释的内容。这种软件可以是数据库系统、你设备上的文件系统、照片应用程序、视频播放器或其他。我们在第二章介绍了堆栈，并在第八章更深入地研究了它的使用。由于任何应用型软件都需要数据，因此任何特定堆栈中的元素都与数据的管理和显示有关。

交易数据库被大多数业务系统用来存储事件。发生了什么事情、什么时候发生的、交易金额是多少，还有订单、客户电话、网站访问情况、物联网设备事件、安全渗透尝试等，这些都是交易元素。应优化这些数据库以实现快速存储和检索事件记录。此外，它们还支持基本报告（信息列表）。如果你需要更高级的分析，你还需要其他东西。

数据仓库是分析数据的地方。这些数据来自其他地方（交易系统、文件或互联网），经过预处理以便于分析。然后，数据仓库将不会做出任何改动，只是静静等候人们提出问题。

数据湖是存储原始（非结构化）数据的数据仓库。大多数信息都不是结构化的。非结构化数据是指收集和存储在自然状态下我们并不知道如何处理的信息。伪人工智能算法可以帮助你找到解决方案，或许还可以创造有价值的洞察力。

如果你知道要找什么，但不知道它到底在哪里时，你就要进行数据挖掘。算法是支持这一点的（我们可以回顾那些有关人工智能的模式匹配方法），但挖掘通常是一个重复尝试过程，不仅涉及软件，还有仿生件。

有关数据存储的知识就介绍到这里。

加密

数字化意味着我们可以与10亿人免费共享即时信息。这是数字革命的核心。不管是Facebook、YouTube、Twitter，还是你电子邮件里的上百个公共信道指令（CCS）[⊖]，都可以实现免费传递信息。

大多数情况下，这当然是很棒的，但有时也存在弊端。有时，我们会希望把信息只发送给目标收件人，这时就需要确保信息安全。

加密是我们部署的基本工具之一，用于降低信息被发送给非目标收件人的风险。此技术可以让非授权人很难解析数据。

当你发送一封加密的电子邮件时，你的文本会被转换成一堆数字，只有持有特殊密钥的人才能读取出来，密钥通常是256位数字。当收件人收到你的电子邮件时，就可以使用这个密钥来破译你的信息，而他甚至都不会意识到这封邮件曾被加密。

⊖ 指信令通过与通信电路分开的专用信令链路来传递信令的一种方式。一条信令的链路可以为许多条通信电路使用，因此叫作公共信道指令。——译者注

最关键的数据涉及安全访问，包括用户名，特别是密码，它可以让持有者访问系统。任何机密数据都可以在静态下或传输过程中（存储在内存或磁盘中，或者通过任何网络传输）被加密。这就意味着，即使有人成功侵入了你的网络，并且窃取一些数据，那他们也无法使用这些数据，除非他们能"破解代码"并解密。

早在2500年前，斯巴达人就已发明出简单而智慧的加密技术。从那时起，黑客们就一直在试图破解信息。图灵的恩格玛机就是一台破解机器。计算加密始于20世纪70年代，当时是为了防止数字化数据被盗取而发明。从此，加密技术就一直与破译技术并驾齐驱，不断向前发展。

有件事你得知道。"暴力破解"技术能让电脑猜出这个256位的神奇数字。你的计算能力越强，在给定的时间内你能做出的猜测就越多。量子计算即将向市场释放更强大的计算能力。

换句话说，加密可能无法作为一种稳健的防御机制生存下来。让我们拭目以待吧。

信息安全

我在前文曾提及信息安全（参见第189页），"本质上就是一个商业领袖需要知道的安全问题"。

你还可以参考前文所述的"加密"和后文准备阐述的"量子计算"来了解信息安全问题。

物联网、机器对机器

互联网通过网络连接提供洞察力。众所周知，近几十年互联网将我们的设备（计算机和电话）相互连通。在网络基础设施大规模增长和小型化网络技术的迅猛发展下，物联网应运而生。通过这二者的结合，我们可以与远胜于个人设备的大型设备建立连接。现在，简单紧凑的计算硬件可以监控和远程控制数十亿种设备，从启动汽车或点燃炉子，到诊断洗衣设备，再到监测农作物和牲畜的健康状况。

如果你的业务需要监控或维护某些事物，物联网会让你受益。这些事物可以是设备（包括复印机、洗衣机、车辆），或者农产品（牲畜或农作物）的健康状况，也可以是人——智能手机可以为所有年龄层段的人们提供健康监测。

你所需要的只是合适的设备和网络连接。可靠且负担得起的后端基础设施（包括收集点、数据捕获和分析）距离商品很近，因此你无须自己建造。

你的企业中有哪些这类事物——设备、资产，还是人员？

如果更好地了解客户基础或资产基础中的实时事件，可以让你从根本上改进服务、预测和预先解决问题，或者更快地修复故障，那么请你考虑使用物联网吧。

要知道，很多物联网项目需要几年时间才能收回初始成本，尤其是如果你正在升级已经投入使用的设备。因此，了解你所追求的成果和投资的回报是非常重要的。

从本质上说，机器对机器是物联网的一种组件技术。这毫不奇怪，它描述了任何两台（或更多）机器通过任何网络（不仅仅是互联网）相互通信。如果你想成为专家，还可以深入研究其中的细节。

量子计算

最初的计算机都是机械设备，从算盘到恩格玛机都是这样。第二代计算机是电子设备，以0和1的形式为基础存储和处理信息。但量子计算不仅使用0和1，还使用2和3。这听上去就具有很强的戏剧性。

几十年来，科学家们一直在实验室反复测试这项技术，成功解决了各类难题，包括冷却问题及一些基本物理难题，这些远超我的能力范围。

当二进制技术的性能按照戈登·摩尔（Gordon Moore）在1965年预测的速度（即摩尔定律：每18个月性能翻一倍）不断提升时，量子计算的效率被预测将提升1000倍。

这种巨大的变化为我们提供了解决全新类型问题的能力，这些问题需要的计算能力，远远超过最快的二进制计算机。

我们都听说过超级计算机，而量子计算机可以被视为顶级计算机。你不太可能在短期内购买一台这样的计算机，但请留意IBM、谷歌、亚马逊和其他企业在未来5到10年内提供的更为强大的计算服务。

不过，你要密切关注以下三件事：

1）你的创新组合可以考虑的新型解决方案。

2）更低的计算服务成本。

3）对于全新的计算机安全方法的需求——详情请参阅我关于加密的简介。

阶梯通向何处

在掌握技术的过程中，你的企业会获得全新的超能力。这种能力可以为你提供新的战略和战术工具，以解决现存问题，优化你的业务领域，让你在客户面前脱颖而出。

如果说掌握技术在以前像是自由单人攀岩，那么当你架设阶梯之后，这一过程就变得轻而易举。我建议你现在就放下书，出去攀登吧。

但是在此之前，还有一件事。我们在最后一章介绍了一些已经成功攀登阶梯的企业的范例。最重要的是，他们的成就可能对你的企业有所帮助。

继续阅读之前，请回答这个问题：如果我们能做到会怎样呢？

掌握技术——概括

掌握技术需要遵循6个关键原则：

1）客户伙伴关系、自信的团队，以及在追求产生洞察力和资产以完成整个企业社群的工作时适当的步调。

2）坚持不懈地专注于帮助客户解决难题。他们需要做什么，你现在如何帮助他们，以及在将来如何通过提升自己的洞察力和实现自动化，来给予他们更多的帮助。

3）不要让自己落伍——要紧随尖端技术。

4）扩展舒适区——如果你的企业和同事想要不断地成长和发展，这是必不可少的。

5）接受失败——但只作为一种吸取经验的方式。

6）掌握所选技术的超能力——对差异化优势、敏捷性、弹性、洞察力和自动化的重要性进行排序。

踏上掌握技术阶梯的第一步，是确定你的企业有哪些方面需要改进，可能会发展为行业最佳。你可以通过询问一些有关你的企业的生命体征、让人头疼的工作、弹性和复杂性等方面的问题，来诊断你的企业存在哪些问题。

阶梯模型提供了一个简单的工具，你可以利用它为每个关键领域设定目标，这包括：基础、维护、客户、信心、步调、洞察力和资产。每一个企业都是在特定环境中运营的——重置或转型、运营升级，以及在现有基础上搞建设，此处仅举4个例子。你的路线图将是你自己独有的，并且可能会在你完成构建之前发生改变。

我提供了一些额外的资源来帮你解决这个问题。

在与250多家企业合作的过程中，我研究出了针对新的创新实施者的20个问题。由于我经常挑选问题，所以这份榜单是为任何一位面临更新挑战（加入新企业或团队或者适应新的战略）的领导者而设计的最重要的20个问题。

本着务实的精神，我也提出了自己对热门技术的观点，当然是用通俗易懂的语言进行阐述的。这份技术清单包括人工智能、大数据、区块链、云、云服务、数据库、加密、信息安全、物联网与机器对机器和量子计算。

第十章

§

你的未来企业

构想你的企业在掌握技术后的未来发展。

你会设想你的企业正在沿着他人的成功之路勇往直前。

你可以像我一样，阅读一些商业书籍后，构想出一个更美好的未来。你的前进方向是哪里，怎么到达你的目的地？你会应用哪些思维模式、技巧和流程？你会想到哪些鼓舞人心的范例？如果你能复制他们的成功，那当然好极了，你也会成为商业书籍中列举的范例！

然而，我们都知道，这些范例都是各行业的龙头企业。苹果公司、谷歌、Facebook和亚马逊在21世纪风头大盛。在20世纪80年代，那是丰田、施乐（Xerox）和美国明尼苏达矿物及制造业公司（3M）；20世纪50年代，则是贝尔实验室和美国电话电报公司。

这些企业的规模、业务覆盖范围和预算远超其他99.9%的企业，而你的企业很可能在那99.9%的企业之中。所以，我决定引用一些不太有名的范例。

这些范例的问题在于，当我们深入研究时，当事方并不愿意现身说法。原因有二，要么是企业遭遇了失败，要么企业虽然获得了成功，但是不愿意与竞争对手分享成功秘诀。

因此，本章的大多数案例的当事方是匿名的。

希望你能发掘出这些案例的宝贵价值。

我很荣幸能亲自参与到所述的一些案例中，也因此了解到了很多细节，我可以证明这些团队都以极大的热情投入工作，并对他们的结果负责。专业知识在任何情况下都是重要的，但这些团队最重要的品质是解决难题的决心、勇于试错的态度，以及热情学习的精神。在每一个案例中，团队在获取成功后都变得更加自信，并取得了更大的成就。

如果你愿意听取我的建议去掌握技术，那么就把这些故事看作一种激励。如果你还犹豫不决，就把它们当作我所举案例的证据吧。不管是哪种情况，我都会分享这些你可以复制的成就。

希望这有助于你更好地构想企业的未来发展。最重要的是，我希望这些案例能激励你采取下一步，启动、推进或完成工作。

技术与股东回报

让我们来看看排名靠前的股票。如表10-1所示，2007年至2017年十大最佳股票的回报率在17～50倍之间。2007年花100美元投资这些股票，到2017年将变成2846美元。真希望我在2006年12月就买了这些股票。

这是一个令人耳目一新的多元化组合，其中3家企业是技术产品或服务提供商，两家企业在消费电子行业，其他企业则均匀分布在各行业，包括媒体服务、建筑材料、商用洗衣和制热设备、软饮料，以及物流。

其中一些企业是2007年新上市的初创企业，而有些企业早已创建几十年。令人欣慰的是，不论企业年龄如何，都能实现快速增长。

网飞每年都将1/3的利润投入到技术领域，这使其获得了近50倍的高额回报。换句话说，他们在技术领域每投资1美元，就能创造2.8美元

表10-1 2007—2017年世界十大最佳股票

股票	10年回报率	行业
网飞	4948%	媒体服务
EnviroStar[⊖]	4395%	商用洗衣及干洗设备，工业锅炉
GTT 通信[⊜]	4371%	电信与互联网供应商
创思（TRex）	2447%	木材替代地板与栏杆
Tucows[⊜]	2438%	互联网与电信服务供应商
自格（ZAGG）	2360%	消费电子
MiTek 系统[⊛]	2195%	音响设备
国家饮料	1834%	软饮料
XPO 物流[⊕]	1762%	运输与物流
MarketAxess 控股[⊗]	1707%	电子贸易平台

的利润。网飞的投资主要集中在基础设施和应用程序上，大量采用"他人的技术"。据估计，网飞的用户使用的互联网流量占全球互联网总流量的15%~20%。

在大多数情况下，这些股票在整个10年期间并不是匀速增长的。通常会有一个平缓发展的阶段（回头来看，这是一个准备阶段），接着就是急剧加速阶段，然后将趋于稳定，甚至呈下降趋势。

SEC的文件披露了他们取得成功的原因。我们在这里感兴趣的是技术在获取成功的过程中所扮演的角色：

1）MarketAxess控股将他们的知识产权纳入软件。

⊖ 美国喷雾干燥机公司。——编者注

⊜ 美国电信和互联网提供商。——编者注

⊜ 加拿大技术公司。——编者注

⊛ 软件跨国公司。——编者注

⊕ 美国物流公司。——编者注

⊗ 国际金融科技公司。——编者注

2）网飞通过有线电视和卫星及产品数字分销战胜了Blockbuster。事实上，网飞利用了"他人的技术"，这意味着它不必承担竞争对手在基础设施方面所做的投资。

3）GTT通信和Tucows应用了相同的基础设施——互联网。

4）MiTek、自格和XPO物流都为员工提供了最好的技术，让员工能够分享洞察力和实现自动化工作。

5）Envirostar和创思是其所在领域的技术领导者。

6）国家饮料公司是最佳股票前十名企业中唯一的技术没有起到主导推动作用的企业。

通常情况下，这些企业在技术上每投资1美元，就会产生几美元的利润。

显然，如果没有一支强大的员工队伍和出色的领导者，任何这种级别的企业都无法取得成功。显而易见，这些企业都谨慎地依赖技术来支持和提升整体业绩。

技术的寓言

拉近未来

在时尚界，3个月是一段很长的时间。当你是世界上大型的鞋类制造商之一时，你必须在每个季度向市场推出新产品。而当你在打造最先进的鞋类技术时，你的设计团队每年可以推出许多设计方案。

但是你只能从这些设计方案中选择10%来制作产品。你应该如何决定？

"更快的速度"是决定性因素。在该行业，鞋类设计方案从创意阶段到产品完成大约要花费18个月。这就意味着设计团队必须提前一年半来预测流行风向。如果你能将产品周期缩短成3个月或更长时间，就会创造竞争优势。

更快的制造速度可能会有所帮助，但真正的机会存在于设计流程中。

设计是一门源自内心感受的艺术。你必须观察一个物体，感受它，在手中抚摸。在某些情况下，你可能还需要闻闻（鞋子除外）。传统的设计过程是先草拟一个创意，然后决定是否推进这个创意，为这个创意来涂上颜色，最后将几百个创意放在一张大桌子上，从中选择一个继续推进。只有少数几个能达到物理原型的感知程度。

加速设计的机会就在这个决策过程中。数字设计已经彻底改变了汽车工业。绘图技术已经成熟，2D和3D技术已经得到验证，制造流程正在采用数字蓝图。如果设计实现数字化，就可以更早和更方便地实现可视化。

这些新技术能否被应用于制鞋业呢？

假设让我们来到2006年，想象一下鞋类设计团队坐在一个房间里，看着零售货架上摆放着2007年准备推出的产品。尽管这堵墙是数字模拟出来的，但却具有很高的逼真度，足以在一天内对各种场景进行实验。做出选择后，原型可以在几周内交付。

这项工作之所以成功，是因为它应用了在其他行业已经被开发出来并加以验证的做法。它能够给人们带来全新的洞察力，引领未来。

思维工作室——实现可视化环境

我们再来看一下鞋类零售环境的实物数字模拟。

你可以想象一下，你走到货架前，拍拍一只虚拟的鞋子，就能看到该产品线的营销计划和销售历史。然后你可以把鞋子拖放到店内比较显眼的位置，并且把零售客户带到房间，让他们惊叹于产品植入的潜力。

如果你拥有能产生洞察力的数据，就能利用技术来创建你的专属关键报告。

可视化房间（或空间）的概念已经出现了一段时间。我们在早期就创建了Alias可视化工作室（见图10-1），以测试和演示数字可视化在决策中的重要作用。实际上，它是一个面积1800平方英尺[⊖]的会议空间，里面配置了投影仪、投影墙和交互式智能设备。全尺寸可旋转的3D图像、数字白板和视觉辅助工具的结合，可以显著推动决策进程。

图10-1　Alias可视化工作室（摄于2004年）

我们这一开发成果在很大程度上归功于大卫·西贝特（David Sibbet）和汤姆·伍杰克（Tom Wujec）的开创性工作。该工作室吸引了一批商界名人，并促使许多机构纷纷建立自己的工作室。

自从我们创建Viz工作室（于2003年4月建立用于促进视觉思维）以来，科技的发展突飞猛进，现在你可以轻松地建造一个可视化房间。

快速追随者

我在本书主张效仿其他制鞋企业的做法——利用他人的实验成果，并以此为基础创造出更好的东西。三星公司就是很好的快速追随者。

当你看到他们的专利目录时，称三星公司是很好的追随者似乎有些不太尊重，尽管我自认为这是一种恭维。但当你查看三星公司的市值时，我认为它会乐于我们这样称呼。

⊖ 1平方英尺≈0.093平方米。——译者注

三星公司成立于1938年，最初是一家保险公司，随后涉足食品出口，并在1969年成为一家电子制造商。近一个世纪以来，该公司不断转型。

三星公司最近采用的策略是将市场风险外包。他们能看到竞争对手在创造新产品，挑选最好的方案，并重点改进原始设计。"改进"的方面包括价格更便宜、更新速度更快或体积更小（要记住，电子产品中，体积越小越能赢得竞争），目的就是实现更高的单位销售额。

三星公司的专利目录佐证了该企业的另一个策略（见图10-2），即实施创新，将技术堆栈降至组件层级。这让他们拥有了快速制造新产品的砖块。三星公司的第一款智能手机是在iPhone推出1年后上市的。而在iPhone上市前，乔布斯一直严守秘密。三星公司可能比其他快速追随者早了一步，他们是苹果公司最大的组件供应商之一。

三星公司并不是唯一取得成功的快速追随者，我也曾列举过Facebook、谷歌和微软公司的事例。

有趣的是，这家韩国电子产品巨头现在正面临着其他竞争对手的威胁。对此，三星的首席执行官指出，现在是他们成为先行者的时候了。三星公司似乎又准备转型了。

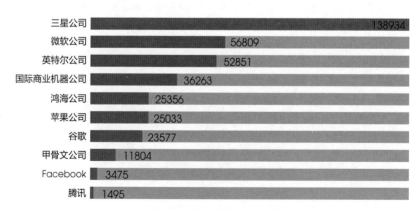

图10-2　技术产业专利申请情况

成为软件企业——改变企业的经济状况

创建软件企业有两种方法。

第一种方法是考虑开发有发展潜力的产品，然后找到足够多的实际买家来促进发展。在早期，为了克服销售障碍，你通常会采用象征性或实际赠送的方式来促销。当你生产出可行的产品时，就可以进行市场定价并开展业务了。在此之前，你需要求助或借用（不要盗窃）资金来维持你的实验。

第二种方法是通过咨询服务来交付你的解决方案。你可以找到为你提供价值付费的客户，交付你的解决方案，赚取利润后来发展企业。随着客户数量不断增加，你要不断地学习如何改进自己的解决方案，如何营销它，以及如何阐述不好理解的地方。因为你的初创企业的资金是依靠客户营收，所以也称之为"自力更生"。

如果你能描述你做某事的方式，它就能被软件捕获，记得吗？

在某些时候，你需要做出决策。如果你像我希望的那样，已经建立了一个盈利的咨询企业，你可以选择继续运营。但是，我建议你考虑继续向前发展，也就是将你的知识产权编入软件，然后成为一家软件企业。

咨询和软件都属于信息业务，两者的经济要素都包括工资、一些间接费用和利润，但所占比例不同。一个健康的服务企业的毛利润率应该达到35%~45%⊖，而一个经营状况良好并且成熟的软件企业的毛利润率应该达到75%~85%。

简而言之，软件比咨询服务更有利可图。原因很简单，软件包含了过程和数据方面的专业知识。制成软件后，你就可以以接近零的边际成本，大规模地传递专业知识。而要让咨询企业做到这点，你就需要聘用更多的咨询顾问，需要付出很高的边际成本。

⊖ 这里并未纳入麦肯锡和贝恩这样大品牌的能实现盈利60%的战略工作。

从咨询企业向软件企业转型是一条公认的成功之路。有些企业自创建伊始就以此为目标，而有些咨询企业的领导者则是偶然发现了这种选择方案。很少有企业能百分之百地依靠软件获得收益。大多数复杂的任务仍需要企业针对软件整合、定制和培训方面提供一些咨询服务。但无论你开发软件是为了销售，还是只为你的咨询顾问提供软件工具来处理耗时且乏味的工作，我都主张咨询企业应考虑转型为软件企业。

信息货币化

当我们开始将大量的信息数字化，并且可以实际捕获和存储这些信息时，大数据便应运而生。换句话说，大数据的诞生是由于我们能力的提升。

纵观技术的历史，我们从始至终都是在寻找问题的解决方案。与此相似，我们也冒着风险，根据特定用途创建海量数据存储。我建议你在购买数据存储时应了解其用途。比如用数据记录事件、业务订单、你在某天的体重、家人和朋友的照片和视频等。

毫无疑问，你的企业肯定使用数据来维护自己的交易分类账。新的发展前沿是你对于更多类型事件的监控、理解和分析能力。除了销售、交货和支持票据，物联网通过现场传感器来捕获状态变化，闭路电视可捕获安全视频。

问题是，我们应该如何加以利用呢？或者更具体地说，你的企业如何从预期的数据计划中获得回报呢？

信息货币化可采用以下三种主要方法。

1）减少开支：了解更多并做出更好的决策，以减少开支。

2）促成销售：跟踪客户的购买模式，并吸引他们购买更多。

3）创造收入：管理和销售数据，以帮助他人实现上面所说的减少开支或促成销售。

金融业是第一个互联网技术行业。从20世纪60年代初开始，该行业便开始处理数据，为分析师提供信息，帮助他们做出有利可图的决策。

信息货币化已在其他行业广泛应用。以美国为例，能源和公共事业部门掌控着各个州和地区的大量资产。更好的信息降低了企业发展的风险和维护成本。例如，为了保持药效，药品必须在一定的温度范围内储存。通过在供应链中部部署物联网，药品分销商能够监控产品在运输过程中的温度，从而减少浪费。

由于内置数据，技术与生俱来就是数字化的。一些科技企业将这些数据用于产品的设计和改进。如果软件今天在你的产品中没有起到任何作用，那么考虑一下，是否已可以利用其内置数据的可追溯性。

信息货币化并非副产品，而是一种战略和精心计划。墨西哥银行GFNorte在使用自有损益表创建数据货币化业务时，实现了200%以上的投资回报率。

创造旋风除尘器 —— 一位耐心的创新者

詹姆斯·戴森（James Dyson）在学会如何创造和控制旋风吸尘装置之前，制作了5127个原型。而完成这些他只花了5年时间。他需要一天做3次实验，每天都要坚持做。如果需要休息时间，那么一天就要做4个。在戴森眼中，这种坚持和耐心会给他带来意外的收获。

就像苹果公司研发个人电脑和手机一样，戴森也以类似的方式研发了吸尘器、烘手机、家庭供热和制冷设备。他的DS100的设计感觉与乔布斯在1997发布的iMac如出一辙，但戴森早在1993年即推出该款产品。

戴森采用了乔布斯调查客户的方法。他拒绝了一些分销商对于吸尘器"透明盒"的反对意见，他认为，如果用户可以看到吸尘器收集的全部杂物，就会感受到房间的整洁。他是正确的，"透明盒"的设计为他带来了50亿美元的收入并得到了5000多名工程师和科学家的一致认可。

戴森坦率地介绍了其公司的运营方法。这家公司聘用工程师，并帮助他们提升技能，使他们转变为设计师。将这两种技能结合起来，可以加快产品制造流程。

创办公司后，戴森聘请了一位首席执行官来运营公司，然后自己回到实验室，全身心地投入产品研发中。此外，他创办的基金会资助了癌症和脑膜炎的研究。

改变行业

有时你会碰巧遇到一个创造或改变某个行业的机会。

一个世纪以来，英国的交通运输业都是以城市为基础建立的。一些大型企业拥有数千辆双层公交车，可以往返接送上班族、购物者和学生。当这个行业放松管制后，初创企业就有机会与这些大型企业竞争。企业进入行业的障碍是车辆的资本成本，但生存的关键是公交路线的规划和调度。新企业需要了解城市中哪些区域的公交服务不足，以及他们如何通过提供新服务来吸引忠实的消费者。

以前，调度车辆是一门专业技术。熟练的调度员会准备好一堆纸、铅笔和橡皮坐在那里，凭借他们几十年的经验，采用不断试错法来制订一个新的计划表。可以想象，在制订完计划后，如果没有其他充分的理由，路线在几十年内都不会进行任何改动。

初创企业需要敏捷度。这里，我们以伍顿·杰弗里（Wootton Jeffery）的BUSMAN公交线路规划软件为例。调度员可以在台式电脑上使用这一公交规划软件。软件运行速度非常快，调度员可以试验几个方案以后再确定总体安排。而且可以在通车几个月后，再修改这些路线。当客户告诉你"没有你他们就无法生存"的时候，你肯定会感到非常高兴。

最终，那些大型企业也加入进来，使用这一软件。按理说他们是很难被说服的，因为他们用纸和铅笔运营了一个世纪。但是我们的成功让他们不得不信服。

英国的交通运输业从此发生巨变。服务质量得以改善，竞争促使票价降低，乘客因此而获益。

之所以会发生这些巨变，是因为伍顿·杰弗里将路线规划和车辆调度的知识产权编入专为计算机新手设计的软件之中。

形成你自己的风格

你的汽车就是一个容纳上百个产品的金属盒子，里面有收音机、导航系统、电话、座椅、DVD播放机，还有引擎和其他机械装置。你可以把这个盒子从A点移到B点。

汽车行业在技术和设计上开展竞争，每年都推出新的型号和新的功能吸引用户升级。每隔几年就对目录中的各个项目进行一次重大的重新设计，每次重新设计的费用大约需要10亿美元。

现在来做个试验。挑选一款你最喜欢的汽车，花几分钟在互联网上找到10张最新车型的照片，然后并排摆放。通过这些照片，你对几十年来这款汽车设计的变化就会有大致印象。看看汽车设计是如何发展的，你注意到它的线条更圆滑了吗？

显然，这反映了不断发展的汽车时尚。当我说这种可制造的柔顺曲线是由技术实现时，你肯定不会感到惊讶。过去，汽车设计过程需要数百次重复尝试——需要制作出几十个手工雕刻的黏土模型（从小型模型到实物模型），以及做出数千个设计决策。而且，为了实现规模生产，设计师和工程师需要在汽车造型上达成共识，这也造成二者之间长期的敌对状态。

在Alias公司，我们通过2D和3D设计技术，为这个行业带来了革命性的变革，设计过程节省了几个月的时间和数百万美元的费用。我们围绕设计师的工作方式来创建软件，支持他们的流程，用一系列方便的工具来弥补他们技能的不足之处，并实现完整的汽车设计的数字演示。下游企业也可以使用这些工具进行决策、制造和早期营销，可以在概念车制造出来之前，就进行模拟上路演示。

如今，这些在汽车行业中首创的方法已经被广泛应用于工业设计中。我敢打赌，你的汽车是采用Alias公司的技术设计的，而且，你现在所拥有的上百种产品，可能都是用类似工具设计的。

那是一个激动人心的行业巨变的时代。

具有 ×10 思维的企业

如果你没有阅读第九章"从+1思维转变到×10思维的三个步骤"，那就回去读一读吧。即使你读过，现在也值得重新阅读一遍。

你能实现的许多成就都与你设定的目标有关。如果保守地设定，你可以取得有限的成功。如果雄心勃勃地设定，你就可以消除那些人为的限制。你可以选择自己在这个范围的位置。也许你可以从你创新组合中的几个10倍计划开始。如果它们实现了，你可以加大赌注。

坦率地说，在大多数情况下，10倍成果是很难实现的。如果很容易，每个人都会这么做了。但是，"显著改善某件事情的完成方式"的思维方式与"修复下一个错误"的想法是截然相反的。通过×10思维，你可以想出更容易、更快、更省钱的新方法。那么×2思维有哪些不好的地方呢？

下面是另一个简单的例子，说明软件企业如何通过5个步骤来实现开发车间的价值：

1）评估前一年新发布的产品功能的应用情况。

2）确定有多少相关的开发时间花在解决客户不关心的问题和客户不使用的功能上。

3）将节省下来的一些时间用于验证明年的功能，以筛选路线图。

4）在编码、测试和诊断工具上投入更多的时间，以加快开发过程。

5）制作和交付明年的路线图。

很简单，对吧？

然而，让我们来看看收集到的数据，该软件企业去年65%的开发工作都浪费在客户不使用的功能上。巧合的是，验证过程将路线图剔除到原来长度的1/3左右。更重要的是，新的开发工具节省了大量的时间，编码速度是以前的3倍。

1/3的开发工作量，超过3倍的速度，取得10倍的改进，这简直太棒了！

提升技能

戴森原本是一名建筑师，后来还做过工程师，还曾提出设计师的伦理观。而现在，他正将他企业的工程师培训为设计师。

正如一项技术的采用是沿着罗杰斯曲线发展一样，技术在整个技术社群中被迅速而广泛地应用。随着越来越多的人采用这种技术，不同的观点参与了对这种技术的塑造。当Adobe公司首创设计工具时，设计师从最初工程师的视角来设计风格和可用性。

营销创意人员已经掌握了互联网的外观和感觉。如果你对其美学价值有任何怀疑，请进入时间机器，去看看20世纪90年代的网站是什么样子。

由于这些原因，商业技术已经拓展到信息技术的范畴之外。就像戴森将他的工程师培训成为设计师一样，你的同事应该重点关注如何发挥技术在企业中的作用。

但这里还有更重要的一点，技术的无穷潜力使得熟练的技术人员供不应求。学校根本无法培养出足够的技术人才来完成所有的工作。这样，你就面临两种选择：

1）聘用有技术经验的员工，按照他们的速度前进。

2）对现有的员工进行有关专业知识的培训。

在你决定做任何事情之前，我希望你能抛开对技术的偏见，相信自己的员工已经具备的杰出的才能，并创造一个让他们可以实践、试错和学习的环境。

同时，我相信这些举措可以为商务人士带来技术经验，为技术人员带来商业经验。不论你选择的机制是项目委派、借调（一种更正式的工作轮换），还是职业转换，如果你想要培养各学科的领导者，并弥补"技术缺口"，就要促进商业技能和技术技能的融合。

好了，这个话题就讨论到这里。

员工体验

在本书中，我一直在谈论客户体验，现在我们来看硬币的另一面。

直到最近，员工体验才真正成为科技界关注的一个问题。虽然消费科技需要采用轻量化用户友好型设计，但一直以来，人们认为商业系统只是用于工作，而与娱乐无关。这种观点让许多糟糕的设计找到了借口。这就是为什么我们的电脑画面就像是数据库倾泻，表格需要在教室里学习3天才能理解，本来只需要点击两次鼠标就能完成的进程需要点击鼠标15次。这种软件设计毫无可用性。

如果一个企业要服务于它的客户和同行社群，就要让这些人通过相同的技术进行交流。这就意味着他们会分享相同的体验及产品的可用性。

普华永道会计师事务所（PwC）曾对12000名来自各个企业的员工进行调查，发现73%的员工认为自己知道哪些工具可以有助于自己更好地完成工作。然而，90%的高管成员认为他们关注员工的新技术需求，而47%的员工却看不到这一点。对于这一观点，二者相差了43%。这难道不值得我们深思吗？

此外，大多数员工都渴望学习更多的技术。2/3的员工认为提高技术技能会促进他们的职业发展，大多数人愿意多花10%的时间学习这些东西。

Glint是新一代企业软件提供商，它以用户的易用性和深刻的洞察力为基础来设计产品。

Glint公司将帮助员工快乐工作和获取成功视为自己的使命。开发的软件为员工提供咨询，并帮助管理者启发洞察力，采取措施提高员工的敬业度，并实现业务转型。该公司创立于2013年，5年后通过领英平台被微软公司以4亿美元的价格收购。这是一个成功的案例，也证明了增强员工关系和提高员工敬业度的重要性。

公司的首席文化官马丽·波彭（Mary Poppen）非常热衷于建立员工体验与客户体验之间的联系。她指出：

"在一个员工敬业度较低的公司，员工一年内的离职减员率比员工敬业度高的公司要高出12倍（Glint，2017年）；而从统计学角度来说，客户的净推荐值也将大幅降低（怡安翰威特咨询公司的管理者调查）。

因此，所有企业都应该退后一步，审视一下员工敬业度和客户满意度之间的关联度。"

无论你是为自己的团队购买技术，还是为客户提供设计，如果不考虑技术使用体验，你就无法提供最好的产品。这需要对工作本身具有深刻的理解，对实施工作的员工持有同理心，并且在做出设计决策时与这些人进行沟通，承诺让每个人都能持续学习。

你认为5年后你的企业前景会怎样？

我提供这些例子就是为了进一步阐明贵公司的未来技术创意。下面来看看我是否成功了。

翻开你的笔记，回顾你在上一章创建的路线图。作为提示，我提供表10-2这张空白计划表：

表10-2　你的路线图是什么样子的？

项目	第1步	第2步	第3步	第4步	足够好
基础					
维护					
客户					
信心					
步调					
洞察力					
资产					

首先，观察"足够好"一栏，看看这些内容是否能激发你实现更高的目标。浏览其中的几行，思考以下要点。

客户：改变行业，形成自己的风格（如创造旋风除尘器），信息货币化。

自信：提升技能，改善员工体验。

洞察力：拉近未来，思维工作室，信息货币化。

资产：转型为软件公司，做到快速跟随。

然后，编辑工作表。退后一步，想想总体思路是否有足够的雄心，是否有充分的×10思维？

本章只是简单介绍一下你可能实施的工作，也就是你能基于他人成果来完成的工作。这个路线图应该是一个富有生命力的文件，我希望你已经为实施创新做好一切准备。

下一级台阶

本书的大部分内容都是关于你的企业、客户和同事的，但我还是想在本书末尾来谈论一下你自己。

归根结底，本书只有得到你的承认才有实用价值。你可以从中总结经验教训，告诉他人，并且为他人提供建议。

我怎么能把你放在最有利的位置呢？如果我能帮你将下一步锁定到掌握技术上，我一定会感到非常高兴。你能理解这点吗？

关于保守性

很好。现在我来兑现承诺。

早在本书第三章，我就要求你回顾一下你的"从优秀到卓越"待办事项清单，然后进行保守性测试。记得吗？那时你还没有成为技术大师。按照我的承诺，咱们来重新进行"保守性"测试。

你看到了什么？

现在你已经读完本书，可以重新来完成前面的任何测试。对于某些问题，比如再次参与"做得到会怎样"测试（第58页）第二次的回答可能与第一次完全不同。当你再次参与"指定团队成员"测试（第122页）时，可能会看到不同的需求，当你参与"你的前进方向"测试（第173页）时，也会发现新的潜力。

不管你的结论是什么，我希望你已经回答了自己在"信任票"测试（第105页）中的问题。

如果你成功回答出来，那我的任务就完成了！

> **"保守性"测试**
>
> 再看一遍你的"从优秀到卓越"清单。在你查看以前的保守性列表之前，写下你无法实现的原因。
>
> _____
>
> _____
>
> _____
>
> _____
>
> _____
>
> 用X标记前3个原因。
>
> 现在把新的清单和你原来的保守性清单做个比较。

你的未来企业——概括

你是否厌倦了阅读那些老套的成功故事？在最后一章，我们将在别处寻找灵感。每天，都有许多企业凭借技术获得优势，从创立、复兴到蓬勃发展。

我们来看看股票回报率排行榜。2007—2017年十大最佳股票的回报率在17～50，平均为28.46。

- 有些企业是2007年新上市的初创企业，而其他企业已经运营几十年。不论企业年龄如何，都可以实现快速成长。

- SEC的文件披露了一些有关这些企业如何利用技术的线索。每家企业都在年报中提到了技术投资。
- 通常情况下，这些企业在技术领域每投资1美元，就能产生几美元的利润。
- 有些人利用其他人的技术（OPT）来降低构建业务所需要的资本开支。例如，网飞用户消耗的互联网流量占全球总互联网流量的15%以上，而网飞却没有付出任何成本。
- 许多企业为他们的员工提供了最好的技术，让他们能够分享洞察力和实现自动化工作。比如MiTek、自格和XPO物流。

至于我们其他人，你读到的科技寓言是：

- 具有×10思维的企业——×10思维的成功案例。
- 拉近未来——加速设计决策的过程。
- 思维工作室——实现可视化环境。
- 快速追随者——以他人的实验成果为基础进行构建。
- 转型为软件公司——将知识产权编入软件中有很多好处。
- 信息货币化——数据付费。
- 创造旋风除尘器——一位耐心的创新者。
- 改变行业——放松管制，竞争就会出现。
- 你形成的风格——技术会对你拥有的上百件东西造成无形的影响。
- 提升技能——弥补技能短板。

灵感：

- 这些寓言中有哪一个适用于你？
- 最后的任务是复习和修改你在上一章创建的路线图。

最后一件事

§

> 我们谈论了太多有关你的企业的事情，那么你自己是怎么想的呢？

对于首席执行官和总经理

当我担任企业领导者时，我认为我的工作就是找到最优秀的人，为他们指明正确的方向，让他们勇往直前，并且在他们需要的时候帮助他们，比如做出艰难的决定，提供培训、资源和情感支持等。同时接受结果，不管是好是坏。

如果你是这样看待你的角色的，请允许我冒昧地说，你需要获取足够的信息来掌握方向，具备足够的灵活性来鼓励尝试，进行充分的沟通来了解你需要何种团队成员，并且具有足够的韧性来坚持到底。

你需要养成和坚持以下几个习惯：

1）检查一下你的行业内部和外部的技术状况。

2）偶尔遇到挫折的时候，要适度放松，慢慢分析得失，分享经验教训。

3）建立一个由你仰慕的商业技术专家组成的网络。

4）享受成功。

本书的重点是帮助你开阔眼界，鼓励你以全新的视角来看待你的企业[○]。这个全新视角会鼓励你朝着更大的目标前进。当然，计划和准备往往是最容易的部分，而开始实际行动的时候，你可能就会遇到第一次挫折。

这时，你就需要树立信心，因为你的企业拥有合适的人来完成工作。事实上，这是我所见过的技术大师和其他竞争失败者之间最大的区别。你要确保自己知道可以向谁求助，永远不要害怕寻求他人的意见。

对于雄心勃勃的技术领袖

我曾培训过许多技术领导者，而大多数人面临的难题是将业务需求与他们的技术能力结合起来。这可能表现在沟通困难、缺乏明确的目标，过度的资源投入（尤其是你自己），或者其他方面的问题。

成为一个技术领导者意味着要管理更广阔的领域，你需要一个更大规模的团队，应对企业的难题，进行授权，并掌握"转碟"技巧。如果你走的是一条技术职业道路，那么你很有可能利用技术来编写代码、配置复杂的网络，或调整大型数据库——换句话说，就是一些与人事管理、招聘或授权无关的专业技能。

如果你感到无法应对这些活动，下一步就应该学习如何管理人员，完善有关学习、精简、沟通、改变、计划、专注、授权和决策等方面的核心技能。优秀的技术领导者在这些技能方面的平均得分是4分（反正没有人会得5分）。当你做到这些以后，你将被列入"优秀"领导者。

不要让你的观众陷入技术迷宫。当你用太多的信息去赘述一个简单的问题，而奇怪的是，这还不足以回答提问者时，就会发生这种情况。下面是一个测试，你可以尝试并重复去做，直到完美为止：

○ 顺便说一句，如果你有兴趣从一个全新的视角来看待你的企业，你可能会对我的"10分钟思考系列"感兴趣。

1）挑选一个复杂的技术主题，比如安全策略或者为什么要花这么长时间来构建好的软件。

2）找一个不懂技术的同事。你企业的首席执行官或总经理是理想人选。

3）让他们给你5分钟时间练习如何解释你选择的这个主题。

4）向他们解释主题。

5）想想你如何能更清楚地表达。

6）如果你已经表达清楚，再问问他们你怎样表述会更有趣一些。

我是认真的。如果你能在5分钟内完美地解释一个复杂的主题，并且能使用术语让那些不懂技术的同事理解，你将成为行业内排名前10%的优秀技术领导者。

如果你希望成为专家，那么你就要好好想想，是否能负责领导一个团队。如果你想要产生更广泛的影响力，可以向同事和客户寻求帮助，对你的软技能进行全方位的评估，然后判断你可以努力做得更好。

软技能是最难的，也是你作为一个技术领导者获得成功的最重要因素。

如果你想要缩短自己的学习周期，就去找一位好导师吧，他将使你的成长过程变得更加顺利。

对于雄心勃勃的商业领袖

你只需要让一切正常运行才能继续你的工作，对吧？

如果你只是知道哪种技术能满足自己的需求，那么除非你亲眼看到它工作，否则你绝对不会围绕它制订你的年度计划。

我没说错吧？

这是一个有关信任和个人利益的问题。要想让每个人的工作变得更加容易，你所采取的最佳途径与那些不懂技术的首席执行官没有什么不同。了解你所在领域的先进技术将会激发你的创意，并让你自信地复制他们的成功。

我所看到的决定技术成败的最大因素，就是商业贡献者和技术贡献者之间是否能达成一致。二者应该在期望值上达成一致（所需要的条件和目前可行的条件），与懂技术的同事和合作伙伴分享你的企业愿景，相互妥协，顺畅合作。

清晰表达将为你带来最好的回报，而沟通不畅则是致命的杀手。幸运的是，它们两个是天生的一对。

你也经常能看到沟通不畅的后果——费时又费力。不仅工作执行起来痛苦不堪，修复问题也是代价高昂。

在生活中，模棱两可的表达会产生各种误解。你说的我都能听见，但是你是否将意思表达清晰了呢？我是否完全理解并且有机会质疑你的方法和完善最终的结果呢？

我所知道的弥合沟通差距的最好方法，便是提出一个简单的要求：

请再说一遍。

清晰表达，与他人共享，这样你就迈出了成功之路的第一步。至于接下来该怎么做，你已经通过阅读本书学会了！

再见

到此，我们的任务就完成了。我前面说过，写书最具挑战性的地方，是我从来没有真正见过我的读者。我尽了最大努力，为广大读者及其独特的环境提供尽可能多的价值。

在我写这本书时，我努力去想象你（我的读者）到底是什么样子，写作时仿佛你正坐在我的对面。我希望有一天我们能真正成为朋友。

现在，你可以写一篇新闻稿，在5年或10年后发布。内容是关于你现在或将来的企业。讲讲你曾经做了什么，准备去做什么。

本书阐述了你如何适应新的工作与生活方式，技术知识为此提供了平台。

当我们谈论技术的挑战时，我们实际上是在谈论改进的挑战、革新的方式，以及我们在改进过程中所学到的经验教训。

问题是，技术为我们提供了如此多的选择，这让我们感到茫然。我们应该关注哪些业务领域？我们又该如何改善这些领域呢？

本书是一本帮助企业领导者通过采用和改造技术，来把专注力、方法和弹性作为工作重心的手册。你将学习如何：

- 在你的客户和员工社群中建立快速的沟通。
- 为你的同事和客户提供重要的洞察力和信息。
- 在5分钟内描述自己的安全策略。
- 找出你的企业创造新资产的特殊秘方。
- 通过快速的学习和最简变革，指引企业的未来发展。
- 掌握估算的技巧。
- 以全新视角来审视你的企业，并发现改进的机会。
- 把你的企业（或其他企业）作为技术企业来评估。
- 搭建一个平台，以满足你的企业的创新需求。

真正重要的并不是技术本身，而是技术所能带来的联系，以及它给我们尚不完美的日常生活和环境所带来的改变。

工具不是软件代码和硬件位元，而是系统思维、共情改变、快速学习和自适应规划。

本书关于人类进步，同时也为人类的进步提供了营养。

参考文献

第一部分 与技术成为朋友

第一章 实现创意

1. Peter Drucker, "Purposeful Innovation and the Seven Sources for Innovative Opportunity," chap. 2 in *Innovation and Entrepreneurship* (New York: Harper & Row, 1985).

2. Steve Blank, "No Plan Survives First Contact with Customers—Business Plans versus Business Models," April 8, 2010, *https:// steveblank.com/2010/04/08/no-plan-survives-first-contact-with-customers-%E2%80%93-business-plans-versus-business- models/*.

第二章 形成观点

1. Gartner, Inc., "Hype Cycle Methodology," 2019. *https://www.gartner. com/en/research/methodologies/gartner-hype-cycle*.

2. Gartner, Inc., "Hype Cycle Methodology," 2019. *https://www.gartner. com/en/research/methodologies/gartner-hype-cycle*.

第三章　设定目标

1. Roger Martin, *Design of Business: Why Design thinking is the Next Competitive Advantage* (Boston: Harvard Business Press, 2009).

2. "Dells Just In Time Inventory Management System, UKEssay.com, November 2018, All Answers Ltd. June 2019, https://www.ukessays. com/essays/informationtechnology/dells-just-in-time-inventory-management-system-business-essay.php.

3. Kaitlin Milliken, "Startup Culture in Big Companies," *Innovation Answered,* Podcast *audio*, November 27, 2018, *https://www.stitcher. com/podcast/innovation- leader/innovation-answered/e/57425031.*

第二部分　企业生存不能仅靠技术

第四章　随客户而改变

1. "State of the American Workplace Report (2016)," Gallup, accessed June 30, 2019, *https://news.gallup.com/reports/199961/7.aspx.*

第五章　构建自信

1. Ferris Jabr, "Does Thinking Really Hard Burn More Calories?" *Scientific American*, July 18, 2012, *https://www.scientificamerican. com/article/thinking-hard-calories/.*

2. William Bridges and Susan Bridges, *Managing Transitions, 25th anniversary edition: Making the Most of Change* (Boston: Da Capo Lifelong Books, 2017).

3. John P. Kotter, *Leading Change* (Boston: Harvard Business Review Press, 2012).

4. Jeffrey Hiatt and Timothy Creasey, *Change Management: The People Side of Change* (Fort Collins: ProSci Learning Center Publications, 2012).

5. Atul Gawande, "Why Doctors Hate Their Computers," *New Yorker*, November 5, 2018, *https://www.newyorker.com/ magazine/2018/11/12/why-doctors-hate-their- computers.*

6. "The you–curve Online Tool," Courtesy of you~curve, accessed June 30, 2019, *http://you-curve.com/step-two-the-you-curve-online-tool.*

第六章　快速行动，正确行事

1. Frederick P. Brooks, *The Mythical Man-Month: Essays on Software Engineering* (Boston: Addison–Wesley Professional, 1975).

2. Mike Beedle, Arie van Bennekum, Alistair Cockburn, Ward Cunningham, Martin Fowler, Jim Highsmith, Andrew Hunt, Ron Jeffries, Jon Kern, Brian Marick, Robert C. Martin, Ken Schwaber, Jeff Sutherland, and Dave Thomas, "Manifesto for Agile Software Development," AgileManifesto.org, accessed June 30, 2019, *https:// agilemanifesto.org/.*

3. Basecamp (*https://basecamp.com/*) books include *Rework*, *Remote*, and *Getting Real.* You can find their entertaining blog at *https:// m.signalvnoise.com.*

4. Tom Brinded, Raja Sahulhameed, and Andy Thain, "Accelerating late–stage construction: Mastering the sprint finish," McKinsey & Company, February 2019, *https://www.mckinsey.com/industries/ capital-projects-and-infrastructure/our-insights/accelerating-late-stage-construction-mastering-the-sprint-finish.*

第三部分　掌握技术

第七章　提高洞察力

1. Jennifer S. Lerner, Ye Li, Piercarlo Valdesolo, and Karim Kassam, "Emotion and Decision Making," *Annual Review of Psychology*, June 16, 2014, *https://scholar.harvard.edu/files/jenniferlerner/files/ annual_review_manuscript_june_16_final. final_.pdf.*

2. Avinash Kaushik, "Occam's Razor," Kaushik.net, accessed June 30, 2019, *https:// www.kaushik.net/avinash/.*

3. Douglas W. Hubbard, *How to Measure Anything: Finding the Value of Intangibles in Business,* (Hoboken: John Wiley & Sons, 2014).

第八章　汇聚创新

1. Stitch Fix. Stitch Fix Inc. *https://www.stitchfix.com/*, accessed June 30, 2019 29 Donella H. Meadows, *Thinking in Systems: A Primer*, (White River Junction, VT: Chelsea Green Publishing, Inc., 2008).

第九章　掌握技术

1. Salesforce. Salesforce Inc. *https://www.salesforce.com/, accessed June 30, 2019.*

第十章　你的未来企业

1. Jose A. Murillo, Yuri Levin, Mikhail Nediak, and Ivan A. Sergienko, "How One Company Made Its Analytics Investment Pay Off," *Harvard Business Review*, last modified January 22, 2018, *https:// hbr.org/2018/01/how-one-company-made-its- analytics-investment-*

pay-off.

2. "Our status with tech at work: It's complicated," PwC Consumer Intelligence Series, October 2018, *https://www.pwc.com/us/en/ services/consulting/library/consumer-intelligence-series/tech-at-work.html.*

3. Mary Poppen, "Happy Employees + Happy Customers = Better Business Results," LinkedIn Pulse, July 14, 2017, *https://www. linkedin.com/pulse/happy-employees-customers-better-business-results-mary-poppen.*

最后一件事

1. Graham Binks, *10-Minute Reflections: One Month Of Daily Exercises That Will Spark Growth In Your Business* (Scotts Valley, CA: CreateSpace Independent Publishing Platform, May 25, 2017).

2. Graham Binks, "Technology Leader's Handbook," GrahamBinks. com, accessed July 1, 2019, *https://oval-azalea.squarespace.com/ technology-leaders-handbook.*

致　谢

.... § ....

　　我们每个人都会在生命中的某个时刻，被紧张忙碌的工作压得喘不过气来。当我们处于这种状态时，应该感激周围的朋友对我们的支持、宽容和建议。

　　写作本书时，我就是处于这种紧张忙碌的状态下。对此，我要感谢肯提供的代理服务、黛布拉和埃琳娜的肯定评论，以及希瑟提供的专业指导。我要感谢我的首席执行官读书俱乐部，感谢他们对本书草稿的反馈。我还必须感谢艾伦、诺亚和罗伯塔，是他们督促我写完了这本书。

　　特别感谢迈克在本书收尾阶段对我的帮助，感谢玛蒂和海莉富有活力的见解。

　　此外，还要感谢丹娜，她从始至终都在给予我鼓励和支持。

　　衷心感谢大家。